PLANT POWER

CALLWEY

PLANT POWER

lecker essen

AUF PFLANZLICHER BASIS

DAS ALPRO KOCHBUCH
mit Rezepten von Patrick Gebhardt

INHALT

HERBSTREZEPTE

WINTERREZEPTE

soooo lecker

PLANT POWER

lecker essen auf pflanzlicher Basis

GRÜNER ESSEN IST EIN TREND, und das aus gutem Grund. Denn eine Ernährung, die viel Pflanzenkraft – Plant Power – beinhaltet, ist gut für das eigene Wohlbefinden. Das heißt aber nicht, dass man für eine ausgewogene Ernährung gleich Vegetarier werden muss. Von deftiger Hausmannskost mit Fleischeinlage bis hin zum köstlich-cremigen Lieblingsdessert ist zunächst einmal alles erlaubt. Es ist aber wichtig, auf die Ausgewogenheit der Zutaten zu achten. Der Schlüssel dafür ist ein Mehr an pflanzlichen Lebensmitteln. Denn je „grüner" die Bilanz auf dem Teller ist, desto besser wirkt sich das auf das eigene Wohlergehen aus.

DIESES KOCHBUCH GIBT VIELE ANREGUNGEN UND TIPPS, wie Lieblingsgerichte, Backwerk oder köstliche Desserts „grüner" werden. Ob Snacks, Kleinigkeiten zum Mitnehmen, alltägliches Kochen oder ein richtiges Festtagsessen – über 90 Rezepte geben leckere Anregungen für eine pflanzlichere Ernährung, bei der trotzdem nicht ganz auf Fleisch und Co. verzichtet werden muss. Kochen mit viel Raffinesse und Genuss.

Die **NÄHRWERTANGABEN** *in den Rezepten gelten für eine Portion bzw. ein Stück. Alle angegebenen Backtemperaturen beziehen sich auf die Betriebsart Umluft und sind Empfehlungen. Die Angaben zur Temperatur und Backzeit können – je nach Ofen – variieren.*

WARUM SIND PFLANZLICHE LEBENSMITTEL GUT FÜR MICH?

PFLANZLICHE LEBENSMITTEL SIND KLEINE KRAFTPAKETE, die voller „Plant Power" stecken. Sie enthalten meist weniger Fett, weniger Gesamtzucker und weniger Kalorien, versorgen den Körper aber mit wichtigen Ballaststoffen, einer Vielzahl an Vitaminen und Mineralstoffen sowie mit sekundären Pflanzenstoffen. Und je mehr wir unserem Körper davon liefern, desto besser für unser Wohlfühlkonto. Zwei Drittel der Dinge, die wir essen, sollten pflanzlichen Ursprungs sein, so lautet die Formel für eine ausgewogene Ernährung. Rein pflanzliche Produkte auf Basis von Soja, Mandeln, Kokosnuss, Hafer, Reis oder Haselnüssen, die so einfach zu verwenden sind wie Milchprodukte, helfen dabei, Rezepte und Gerichte „grüner" zu machen.

PRODUKTE AUF PFLANZLICHER BASIS sind im Gegensatz zu Milch, Milchprodukten und Fleisch frei von tierischem Fett und weisen daher oft nur geringe Mengen an „schlechten" gesättigten Fettsäuren auf. Dafür liefern sie dem Körper viel Gutes aus der Natur.

VIELE MILCHALTERNATIVEN AUF PFLANZLICHER BASIS enthalten wertvolles Calcium und wichtige Vitamine wie Vitamin D, B2 und B12. Speziell Sojaprodukte sind zudem eine gute Quelle für hochwertiges pflanzliches Eiweiß. Sie stellen somit eine ausgezeichnete Alternative für Milch dar. Diese leckeren Produkte passen ideal zu einem bewussten Lebensstil mit einer ausgewogenen Ernährung und bieten eine unkomplizierte Möglichkeit, mit viel Genuss etwas für die eigene Gesundheit zu tun.

DIE FORMEL FÜR EINE AUSGEWOGENE ERNÄHRUNG

EINE AUSGEWOGENE ERNÄHRUNG sollte abwechslungsreich sein und Spaß machen – und nicht das Gefühl hinterlassen, auf etwas verzichten zu müssen. Mit zwei Dritteln pflanzlichen Lebensmitteln und nur einem Drittel tierischen Produkten wie Fleisch, Fisch, Eiern oder Milchprodukten gelingt eine gute Balance, ohne auf etwas zu verzichten.

UNSERE VEREINFACHTE ERNÄHRUNGSPYRAMIDE (siehe Grafik Seite 8, angelehnt an die Empfehlungen der Deutschen Gesellschaft für Ernährung DGE) verdeutlicht, in welcher Menge einzelne Lebensmittelgruppen im Rahmen einer gesunden und ausgewogenen Ernährung verzehrt werden sollten. Ganz wichtig ist das Trinken – ohne Wasser läuft nichts! Es ist DAS Transportmittel des Körpers und hilft bei der Verdauung und Temperaturregulierung. 1,5 Liter sollten es sein am Tag.

Obst und Gemüse (und dazu zählen auch Hülsenfrüchte und Nüsse) sind ebenfalls besonders wichtig für unser Wohlbefinden – Ernährungswissenschaftler empfehlen 2 Portionen Obst (ca. 250 g) und 3 Portionen Gemüse (ca. 400 g) täglich. Ob roh, kurz gegart, zu einem Smoothie verarbeitet oder im Auflauf – Obst und Gemüse passen zu jeder Hauptmahlzeit, aber auch als einfache, leckere

Zwischenmahlzeit. Saisonale Produkte schmecken übrigens am besten und liefern besonders viele Nährstoffe – einfach mal den Wochenmarkt in der Umgebung besuchen und inspirieren lassen.

AUCH GETREIDEPRODUKTE dürfen bei einer ausgewogenen Ernährung nicht fehlen. Sie machen nicht nur satt, sondern sie enthalten auch wertvolle Kohlenhydrate, Vitamine, Mineralstoffe und Ballaststoffe sowie sekundäre Pflanzenstoffe.
Produkte aus vollem Korn besitzen eine besonders hohe Nährstoffdichte und haben dabei weniger Kalorien als andere Getreideerzeugnisse.

PRODUKTE AUS TIERISCHEN QUELLEN wie Fleisch, Fisch, Wurst, Eier, Milch und Milchprodukte stehen im oberen Bereich der Ernährungspyramide. Tierische Produkte sollten also möglichst reduziert in den täglichen Speiseplan integriert werden. Wer nicht auf Fleisch und Co. verzichten möchte, kann an anderer Stelle tierische Fette einsparen. Einfach die Milch durch pflanzliche Drinks ersetzen oder statt Joghurt zu einer pflanzlichen Soja-Joghurtalternative greifen. Das schmeckt nicht nur gut, sondern bringt auch noch Abwechslung auf den Tisch.

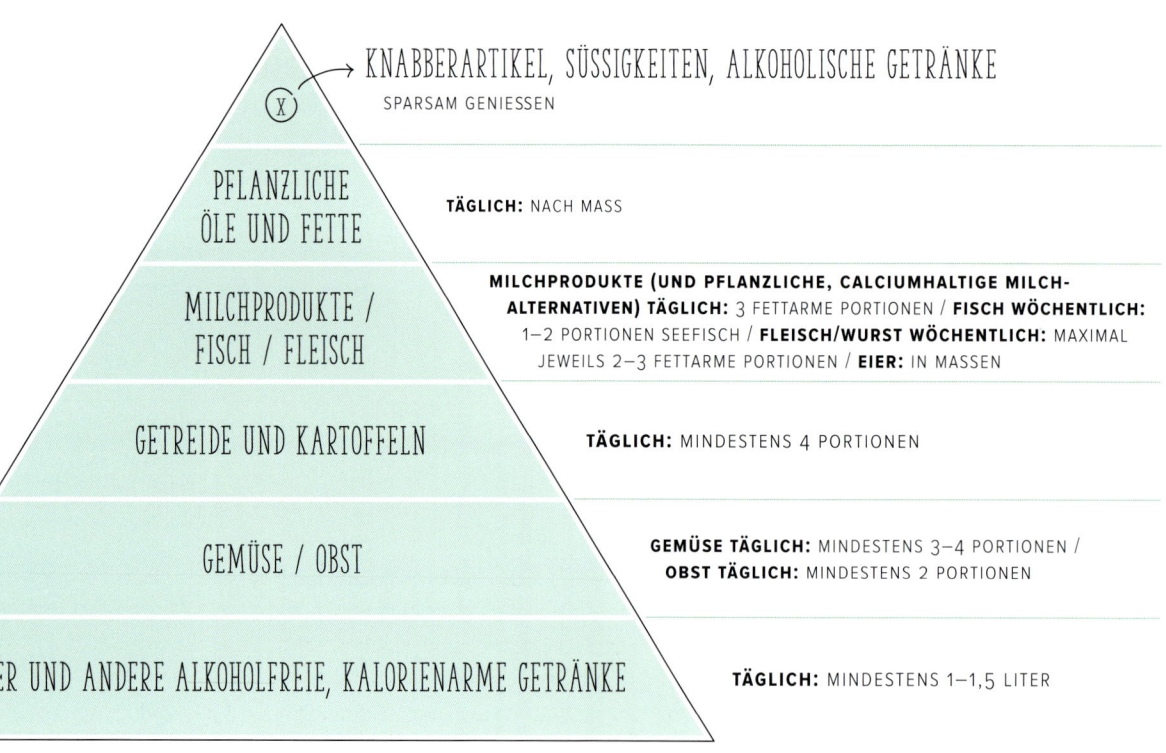

KNABBERARTIKEL, SÜSSIGKEITEN, ALKOHOLISCHE GETRÄNKE
(X) SPARSAM GENIESSEN

PFLANZLICHE ÖLE UND FETTE
TÄGLICH: NACH MASS

MILCHPRODUKTE / FISCH / FLEISCH
MILCHPRODUKTE (UND PFLANZLICHE, CALCIUMHALTIGE MILCH-ALTERNATIVEN) TÄGLICH: 3 FETTARME PORTIONEN / **FISCH WÖCHENTLICH:** 1–2 PORTIONEN SEEFISCH / **FLEISCH/WURST WÖCHENTLICH:** MAXIMAL JEWEILS 2–3 FETTARME PORTIONEN / **EIER:** IN MASSEN

GETREIDE UND KARTOFFELN
TÄGLICH: MINDESTENS 4 PORTIONEN

GEMÜSE / OBST
GEMÜSE TÄGLICH: MINDESTENS 3–4 PORTIONEN / **OBST TÄGLICH:** MINDESTENS 2 PORTIONEN

WASSER UND ANDERE ALKOHOLFREIE, KALORIENARME GETRÄNKE
TÄGLICH: MINDESTENS 1–1,5 LITER

Achten Sie auf eine aktive und gesunde Lebensweise mit einer ausgewogenen Ernährung und einem reduzierten Gesamtzucker-Anteil.

GUT FÜR DEN PLANETEN

FÜR DIE HERSTELLUNG VON EINEM LITER SOJADRINK WIRD 2,5 MAL WENIGER WASSER VERBRAUCHT ALS FÜR MILCH, ...

Das sind gute Neuigkeiten, weil Wasser auf der Welt zu einer immer kostbareren Ressource wird.

... 3 MAL WENIGER LAND ...

Grasendes Vieh braucht Platz und bringt viele Farmer dazu, Wälder abzuholzen; allein für den Anbau von Futtermitteln für hungrige Herden wird etwa ein Drittel unserer gesamten Anbauflächen benötigt.

... UND 5 MAL WENIGER CO² ERZEUGT.

Nicht nur das, es wird auch weniger Methan erzeugt, daher bleibt unsere Atmosphäre insgesamt sauberer und unser Klima ein bisschen mehr so, wie wir es mögen und brauchen.

DURCH EINEN HÖHEREN ANTEIL VON PFLANZLICHEN LEBENSMITTELN in der Ernährung tut man nicht nur sich selbst, sondern auch dem Planeten etwas Gutes. Produkte mit Pflanzenkraft stammen aus der Natur und schonen die Umwelt, denn ihre Herstellung belastet unsere wertvollen Ressourcen weniger als die Herstellung von Fleisch und Milchprodukten. Für die Herstellung tierischer Produkte wird beispielsweise mehr Land benötigt als für pflanzliche, da das Land für die Fütterung der Tiere gebraucht wird.
Für die Herstellung von zum Beispiel Sojadrinks wird weniger Land und Wasser verbraucht. Im Vergleich zu Fleisch- und Milchprodukten entstehen auch weniger Treibhausgase. Indem wir mehr pflanzenbasierte Lebensmittel in unseren täglichen Speiseplan aufnehmen, tun wir also nicht nur uns, sondern auch der Umwelt etwas Gutes und unterstützen eine „grünere" Zukunft.

Oh du schöne Spargelzeit

FRÜHLINGS-
REZEPTE

BLAUBEER-NUSS-MIX

ZUTATEN

.... FÜR 4 PORTIONEN ....

80 G MACADAMIANÜSSE ·
3 EL KLARER HONIG ·
500 G ALPRO SOJA-JOGHURT-
ALTERNATIVE NATUR ·
200 G FRISCHE ODER TIEF-
GEKÜHLTE BLAUBEEREN ·

ZUBEREITUNG
15 MINUTEN

1. Macadamianüsse grob hacken und in einer beschichteten Pfanne ohne Öl rösten.

2. Den Honig in einem kleinen Topf vorsichtig erwärmen. Nüsse zugeben und umrühren, bis sie gut mit dem Honig überzogen sind.

3. Vom Herd nehmen und abkühlen lassen.

4. Die Soja-Joghurtalternative auf 4 Gläser aufteilen. Honignüsse sowie Blaubeeren darauf verteilen und servieren.

231 kcal / 7 g Eiweiß / 18 g Fett / 9 g Kohlenhydrate
* LAKTOSEFREI * VEGETARISCH *

MANGO-PANCAKES

mit Toffeekaramell und Kokosraspeln

ZUTATEN FÜR 4 PORTIONEN

FÜR DEN TOFFEEKARAMELL:

250 ml Alpro Soja-Kochcrème Cuisine
125 g brauner Zucker
50 g Honig

FÜR DIE PANCAKES:

200 g Mehl
500 ml Alpro Kokosnussdrink
    Original
1 Päckchen Backpulver
2 EL brauner Zucker
1 EL Margarine zum Braten
1 reife Mango, in Streifen geschnitten

frische Kokosnuss nach Belieben

ZUBEREITUNG 30 MIN. + BACKZEIT: 16 MINUTEN

1. Für den Toffeekaramell alle Zutaten in einen Topf geben und zum Kochen bringen. Die Mischung bei mittlerer Hitze unter Rühren köcheln, bis sie anfängt, hellbraun zu werden. Vom Herd nehmen und abkühlen lassen.

2. Für die Pancakes Mehl, Kokosnussdrink, Backpulver und Zucker zu einem Teig verrühren. Die Margarine in einer beschichteten Pfanne erhitzen. Portionsweise Teig hineingeben und die Pancakes einzeln backen. Beim Backen einige Mangostreifen auf dem Pancake verteilen und 2 Minuten mitbacken. Anschließend wenden und 2 Minuten von der anderen Seite backen.

3. Mit dem Rest des Teigs und den übrigen Mangostreifen ebenso verfahren. Die fertigen Pancakes im Ofen warm halten.

4. Zum Servieren die Pancakes auf Tellern anrichten. Mit Toffeekaramell beträufeln. Nach Belieben frische Kokosnuss darüberreiben.

594 kcal / 7 g Eiweiß / 18 g Fett / 98 g Kohlenhydrate
∗ LAKTOSEFREI ∗ VEGETARISCH ∗

POWER-MANDELPORRIDGE

mit Aprikosen

ZUTATEN FÜR 4 PORTIONEN

4 EL getrocknete Aprikosen
200 g Haferflocken
450 ml Alpro Mandeldrink Original
1 Prise Salz
2 EL gehobelte Mandeln
4 EL Sonnenblumenkerne

ZUBEREITUNG 30 MINUTEN

1. Aprikosen grob hacken. In einem beschichteten Topf Haferflocken, 450 ml Wasser, Mandeldrink und 1 Prise Salz unter Rühren bei starker Hitze aufkochen. Dann bei niedriger Hitze ca. 5 Minuten köcheln lassen, dabei gelegentlich umrühren.

2. Mandeln und Sonnenblumenkerne in einer beschichteten Pfanne ohne Öl kurz rösten.

3. Sobald der Porridge dickflüssig und cremig ist, in 4 Teller oder Schalen füllen. Mit Aprikosen, Mandeln und Sonnenblumenkernen bestreut servieren.

307 kcal / 11 g Eiweiß / 10 g Fett / 39 g Kohlenhydrate
* LAKTOSEFREI * VEGETARISCH * VEGAN *

Crispy Kirsch-Bananen-

FRÜHSTÜCKSSHAKE

ZUTATEN FÜR 4 PORTIONEN

100 g kernige Haferflocken
4 EL Vollkorn-Cornflakes
50 g geröstete, gehobelte Mandeln
70 g Ahornsirup
1 kg Alpro Soja-Joghurtalternative Natur
100 g Kirschen (TK oder abgetropft aus
   dem Glas), ohne Stein
100 g reife Bananen

ZUBEREITUNG 40 MINUTEN

1. Alle Zutaten in der Küchenmaschine oder mit dem Pürierstab zerkleinern und in 4 Gläser (à 400 ml) füllen.

2. Mit einem großen Strohhalm servieren.

307 kcal / 11 g Eiweiß / 10 g Fett / 39 g Kohlenhydrate
* LAKTOSEFREI * VEGETARISCH * VEGAN *

GRANOLA-MÜSLI
mit Cranberrys

ZUTATEN FÜR 4 PORTIONEN

FÜR DIE GRANOLA:

150 g Haferflocken
50 g Sonnenblumenkerne
50 g Haselnusskerne,
   grob gehackt
50 g Kürbiskerne
50 g Kokoschips
100 g Honig
2 EL Öl
½ TL Vanillezucker
1 Prise Salz

AUSSERDEM:

60 g getrocknete kernlose Datteln
60 g getrocknete Cranberrys
500 g Alpro Soja-Joghurt-
   alternative Natur

ZUBEREITUNG 15 MIN. + BACKZEIT: 40 MINUTEN

1. Den Backofen auf 120 °C vorheizen. Für die Granola alle Zutaten sorgfältig miteinander vermischen. Auf ein mit Backpapier ausgelegtes Backblech geben und ca. 40 Min. goldgelb backen.

2. Während des Backens die Granola immer mal wieder mit einer Gabel durchrühren, damit sie nicht zusammenklebt und locker wird. Nach dem Backen komplett auskühlen lassen.

3. Datteln und Cranberrys grob hacken.

4. Die Soja-Joghurtalternative in 4 Schüsseln füllen. Die gehackten Datteln und Cranberrys darauf verteilen und die Granola darüberstreuen.

TIPP. Ein knackiger Snack für zwischendurch: aus einem Kürbis die Kerne auskratzen, vom Fruchtfleisch lösen, nicht abtrocknen. Dann salzen und auf einem mit Backpapier ausgelegten Backblech im Backofen bei maximal 50–70 °C trocknen lassen.

610 kcal / 16 g Eiweiß / 28 g Fett / 58 g Kohlenhydrate
* LAKTOSEFREI * VEGETARISCH * VEGAN *

TIPP

Estragon entfaltet beim Garen ein sehr intensives Aroma und sollte deshalb sparsam dosiert werden.

MÖHRCHENSTRUDEL
mit Austernpilzen

ZUTATEN FÜR 4 PORTIONEN

FÜR DEN STRUDELTEIG:
150 g Mehl · 1 Ei · 3 EL Olivenöl

FÜR DIE FÜLLUNG:
2 EL Öl
500 g Möhren, geschält, halbiert
  und schräg in Scheiben geschnitten
1 Sternanis oder ½ TL Anissamen
  oder 1 Schuss Pernod oder Fencheltee
Salz, frisch gemahlener Pfeffer, Zucker
200 ml Alpro Soja-Kochcrème Cuisine
5 Scheiben Toastbrot, gerieben
2 Eier
1 kleines Bund Estragon, gehackt

FÜR DEN DIP:
150 g Alpro Soja-Joghurtalternative
  Natur
Salz, frisch gemahlener Pfeffer, Zucker

FÜR DIE AUSTERNPILZE:
250 g Austernpilze
3 EL Öl
Salz, frisch gemahlener Pfeffer
½ Knoblauchzehe, geschält und mit
  etwas Olivenöl püriert
Saft von ½ Zitrone
2 Frühlingszwiebeln,
  in Ringe geschnitten

ZUBEREITUNG CA. 30 MINUTEN + BACKZEIT: 20 MINUTEN

1. Für den Strudelteig Mehl, Ei, 1 Esslöffel Öl und 60 ml Wasser in einer Schüssel zu einem geschmeidigen Teig kneten. Zu einer Kugel formen und in Frischhaltefolie eingewickelt ca. 1 Stunde ruhen lassen.

2. Für die Füllung das Öl in einer Pfanne erhitzen und die Möhren darin anschwitzen. Sternanis dazugeben. Mit Salz, Pfeffer und Zucker würzen. Mit der Soja-Kochcrème ablöschen und köcheln lassen, bis die Karotten gar sind und die Kochcrème andickt. Beiseitestellen und leicht abkühlen lassen. Toastbrot und Eier untermengen. Die Masse 20 Minuten quellen lassen. Den Estragon untermischen.

3. Den Strudelteig auf einer bemehlten Arbeitsfläche ausrollen. Über den Handrücken dünn zu einem Rechteck ausziehen. Auf ein bemehltes Geschirrtuch legen und mit 1 Esslöffel Olivenöl bestreichen. Füllung auf dem Teig verteilen, oberes Viertel frei lassen. Den Backofen auf 170 °C vorheizen. Mithilfe des Tuchs den Teig längs aufrollen. Den Strudel mit der Naht nach unten auf ein mit Backpapier ausgelegtes Backblech legen. Nochmals mit 1 Esslöffel Olivenöl bestreichen und ca. 20 Minuten backen.

4. Für den Dip die Soja-Joghurtalternative mit Salz, Pfeffer und 1 Prise Zucker würzen und mit einem Löffel verrühren.

5. Die Austernpilze vom Stiel befreien und in etwas heißem Öl scharf anbraten. Mit Salz und Pfeffer würzen, mit etwas Knoblauchöl sowie Zitronensaft beträufeln und Frühlingszwiebeln unterrühren. Die Pilze auf einen Teller geben. Karottenstrudel in Scheiben schneiden und mit Austernpilzen sowie Dip servieren.

718 kcal / 17 g Eiweiß / 45 g Fett / 52 g Kohlenhydrate
* LAKTOSEFREI * VEGETARISCH *

GEBACKENES KABELJAUFILET

mit Honig-Senf-Kruste

ZUTATEN FÜR 4 PORTIONEN

FÜR DAS KABELJAUFILET:

60 g Haferflocken
60 g Paniermehl
1 guter EL Honig
2 EL grober Senf
1 Eigelb (Größe M)
3 EL Öl
Salz, frisch gemahlener Pfeffer
800 g Kabeljaufilet, ohne Haut
Butter zum Einfetten

FÜR DIE KOHLRABI-KARTOFFELN:

40 g Butter oder Margarine
2 EL Mehl
400 ml Gemüsebrühe
100 ml Alpro Soja-Kochcrème Cuisine
100 g Alpro Soja-Joghurtalternative Natur
Salz, frisch gemahlener Pfeffer
600 g Kartoffeln
600 g Kohlrabi

1 Bund Kerbel

720 kcal / 49 g Eiweiß /
27 g Fett / 64 g Kohlenhydrate

ZUBEREITUNG CA. 40 MINUTEN + GARZEIT: CA. 18 MINUTEN

1. Haferflocken, Paniermehl, Honig, Senf, Eigelb, Öl, Salz und Pfeffer in eine Schüssel geben und verrühren. Das Fischfilet mit Salz sowie Pfeffer würzen und auf ein gefettetes Backblech legen. Die Haferflockenmasse darüber verteilen.

2. Für die Kohlrabi-Kartoffeln die Butter oder Margarine in einem Topf schmelzen und das Mehl darin anschwitzen. Die kalte Gemüsebrühe auf einmal dazugeben und sofort mit einem Schnee-besen gut verrühren, damit sich keine Klümpchen bilden. Unter Rühren erhitzen, bis die Sauce bindet. Die Sauce ca. 15 Minuten kochen lassen. Soja-Kochcrème und Soja-Joghurtalternative einrühren. Mit Salz und Pfeffer abschmecken. Zugedeckt beiseitestellen.

3. Backofen auf 180 °C vorheizen. Die Kartoffeln und Kohlrabi waschen, schälen und würfeln. Separat bereitstellen.

4. Das Backblech mit dem Fisch auf die mittlere Schiene des Backofens schieben und ca. 18 Minuten garen.

5. Die Kartoffelwürfel ca. 8 Minuten in etwas Salzwasser kochen, dann die Kohlrabiwürfel dazugeben und 5–7 Minuten mitgaren. Kerbel waschen und trocken schütteln. Einige Stiele zum Garnie-ren aufbewahren. Von den restlichen Stielen die Blättchen abzup-fen und fein schneiden. Das Kartoffel-Kohlrabi-Gemüse abgießen und mit den Kerbelblättchen in die Sauce geben. Vorsichtig mischen und erwärmen. Fisch und Gemüse auf Tellern anrichten und mit etwas Kerbel garniert servieren.

TIPP. Anstelle von Kerbel eignen sich auch andere Kräuter wie Estragon, Petersilie oder Dill. Wer es mediterran mag, verwendet Basilikum.

HEFEKRANZ

mit Mandelfüllung

ZUTATEN FÜR 12 STÜCKE

FÜR DEN HEFETEIG:
½ Würfel frische Hefe
80 g brauner Zucker
300 ml Alpro Mandeldrink Original
300 g Margarine
550 g Mehl
1 Ei
1 Prise Salz

FÜR DIE MANDELFÜLLUNG:
250 g Mandeln, geschält und gehackt
125 g Margarine
60 g Zucker
abgeriebene Schale von
   1 unbehandelten Zitrone

ZUM BESTREICHEN:
1 Ei
2 EL Alpro Mandeldrink Original
2 EL Hagelzucker zum Bestreuen

455 kcal / 10 g Eiweiß / 22 g Fett /
49 g Kohlenhydrate
* LAKTOSEFREI * VEGETARISCH *

ZUBEREITUNG 40 MINUTEN (OHNE BACKZEIT) + GEHZEIT: CA. 1 STUNDE + BACKZEIT: 30 MINUTEN

1. Für den Teig die Hefe und 1 Prise Zucker in 50 ml Mandeldrink auflösen. 125 g Margarine in einem Topf schmelzen, dann restlichen Mandeldrink hinzugeben. Mehl in eine Schüssel geben und mit übrigem Zucker, Ei, Salz, restlicher Margarine und der Hefemischung zu einem geschmeidigen Teig kneten. Den Teig zugedeckt an einem warmen Ort ohne Zugluft ca. 30 Minuten gehen lassen, bis er sein Volumen verdoppelt hat.

2. Für die Füllung die Mandeln im Ofen bei 180 °C hellbraun rösten. Die Margarine in einem Topf schmelzen. Zucker, Zitronenschale sowie geröstete Mandeln dazugeben und verrühren.

3. Den Hefeteig auf einer bemehlten Arbeitsfläche zu einem Rechteck ausrollen und von einer Längsseite her zwei Drittel des Teiges mit der Mandelmasse bestreichen. An den Rändern ca. 4 cm frei lassen. Den Teig zur frei gelassenen Längsseite hin aufrollen. Auf ein mit Backpapier ausgelegtes Blech legen und einen Ring formen. Die Enden zusammendrücken. Nochmals ca. 30 Minuten gehen lassen. Den Backofen auf 170 °C vorheizen.

4. Zum Bestreichen Ei und Mandeldrink verquirlen. Den Hefekranz damit bestreichen und mit Hagelzucker bestreuen. Den Kranz 25–30 Minuten backen, dann herausnehmen und auf einem Gitter abkühlen lassen. Frisch genießen.

Frohe Ostern

OSTERWAFFELN

mit Topping

ZUTATEN

FÜR 4 PORTIONEN

FÜR DIE WAFFELN:

250 ML ALPRO SOJADRINK ORIGINAL ·
3 EIER · 1 TL VANILLEZUCKER · 1 TL BACKPULVER ·
3 EL ZUCKER · 1 PRISE SALZ · 1 PRISE ZIMTPULVER ·
50 G WALNUSSKERNE, GEHACKT · 100 G MÖHREN, FEIN GERIEBEN ·
200 G MEHL · 50 G MARGARINE, ZERLASSEN

FÜR DAS TOPPING:

250 G ALPRO SOJA-JOGHURTALTERNATIVE NATUR ·
1 EL PUDERZUCKER · MARK VON 1 VANILLESCHOTE ·
ABGERIEBENE SCHALE VON 1/2 UNBEHANDELTEN
ZITRONE

ZUBEREITUNG 20 MINUTEN

1. Die Zutaten für die Waffeln miteinander verrühren.
Den Teig portionsweise in einem Waffeleisen backen.

2. Für das Topping ebenso alle Zutaten verrühren.
Das Topping separat in einem Schälchen zu den
Waffeln servieren.

166 kcal / 7 g Eiweiß / 7 g Fett / 17 g Kohlenhydrate

* LAKTOSEFREI * VEGETARISCH *

TIPP

Bei Möhren die Schale möglichst knapp entfernen, denn diese enthält die meisten wertvollen Inhaltsstoffe.

Fruchtig-frische

BAVETTE MIT GRÜNEM SPARGEL

ZUTATEN FÜR 4 PORTIONEN

500 G GRÜNER SPARGEL
200 G KIRSCHTOMATEN
1 UNBEHANDELTE ORANGE
4 EL OLIVENÖL
1 ZWIEBEL, IN STREIFEN
    GESCHNITTEN
1 MESSERSPITZE SAFRANFÄDEN
250 ML ALPRO SOJA-
    KOCHCRÈME CUISINE
400 G BAVETTE
    (SCHMALE BANDNUDELN)
SALZ
1 BUND BASILIKUM
FRISCH GEMAHLENER PFEFFER
1 PRISE ZUCKER

ZUBEREITUNG 30 MINUTEN + KOCHZEIT: 11 MINUTEN

1. Vom Spargel die holzigen Enden ca. 2 cm lang abschneiden. Das untere Drittel der Stangen schälen. Spargel schräg in Stücke schneiden. Kirschtomaten waschen, abtropfen und halbieren.

2. Die Spargelstücke in kochendem Salzwasser ca. 6–8 Minuten garen. Herausnehmen und in kaltem Wasser abschrecken, anschließend beiseitestellen. Während der Spargel kocht, die Orange heiß waschen. Die Schale dünn abreiben und den Saft auspressen. Olivenöl in einem Topf erhitzen. Zwiebeln und Safran darin anschwitzen. Orangenschale sowie -saft und Soja-Kochcrème dazugeben und 2–3 Minuten köcheln lassen. Beiseitestellen.

3. Die Nudeln nach Packungsanweisung in reichlich kochendem Salzwasser bissfest garen. Basilikum waschen und trocken schütteln. Die Blättchen von den Stielen zupfen und je nach Wunsch grob schneiden oder ganz lassen.

4. Die Nudeln abgießen und mit Spargel sowie Kirschtomaten in die Orangensauce geben. Gut verrühren. Mit Salz, Pfeffer und 1 Prise Zucker abschmecken und nochmals erhitzen. Die Nudeln auf 4 Teller verteilen und mit Basilikum garnieren.

557 kcal / 17 g Eiweiß / 18 g Fett / 82 g Kohlenhydrate
* LAKTOSEFREI * VEGETARISCH * VEGAN *

SPARGELSALAT

mit Orangencreme

ZUTATEN FÜR 4 PORTIONEN

500 g weißer Spargel
Salz
4 unbehandelte Orangen
1 EL mittelscharfer Senf
6 EL Olivenöl
3 TL flüssiger Honig
frisch gemahlener Pfeffer
1 Bund Basilikum

FÜR DIE ORANGENCREME:

1 unbehandelte Orange
1 TL Senf
100 ml Alpro Soja-Koch-
  crème Cuisine
Salz, frisch gemahlener Pfeffer
Zucker
100 ml Rapsöl

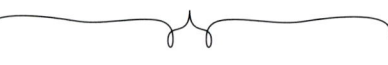

425 kcal / 5 g Eiweiß / 34 g Fett /
19 g Kohlenhydrate

* LAKTOSEFREI * VEGETARISCH *

ZUBEREITUNG  40 MINUTEN

1. Den Spargel schälen und die holzigen Enden abschneiden. Schalen und Enden nach Belieben aufbewahren. 1 Liter Salzwasser zum Kochen bringen und den Spargel ca. 10 Minuten darin garen. Nach Belieben die Schalen und Enden mitkochen und den Sud für eine Suppe verwenden. Die Spargelstangen herausnehmen und in eiskaltem Wasser kurz abschrecken.

2. 3 Orangen filetieren, dazu die Schale mitsamt der weißen Haut abschneiden. Die Orangenfilets zwischen den Trennhäuten herausschneiden. Für das Dressing die übrige Orange heiß waschen, die Schale abreiben und den Saft auspressen. Saft mit Senf, Olivenöl und Honig zu einem Dressing verrühren. Mit Salz und Pfeffer abschmecken.

3. Für die Orangencreme von der Orange die Schale abreiben, den Saft auspressen. Senf mit Soja-Kochcrème, Orangenschale sowie -saft, etwas Salz, Pfeffer und Zucker verrühren. Mit einem Stabmixer das Rapsöl untermixen, bis die Creme die gewünschte Konsistenz hat.

4. Basilikum waschen, trocken schütteln und die Blätter von den Stielen zupfen. Je nach Größe der Blätter grob schneiden oder ganz lassen. Den Spargel schräg in 2–3 cm große Stücke schneiden. Mit Basilikum, den Orangenfilets und dem Dressing vermischen und anrichten. Den Salat mit Orangencreme beträufeln und servieren.

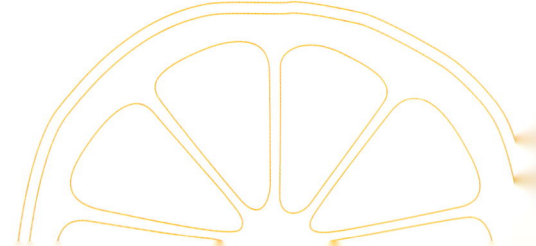

31

GRÜNES THAICURRY
mit Spargel

ZUTATEN FÜR 4 PORTIONEN

1 große Zwiebel
1 kg grüner Spargel
3 EL Öl
1 TL rote Currypaste
4 Limettenblätter
250 ml Alpro Soja-
  Kochcrème Cuisine
200 ml Kokosmilch
300 g Pak Choy
  (asiatischer Senfkohl)
100 g Babyspinat
Salz
1 kleines Bund
  frischer Koriander
gekochter Jasminreis
  zum Servieren

ZUBEREITUNG 30 MINUTEN

1. Die Zwiebel schälen, halbieren und in Streifen schneiden. Vom grünen Spargel die unteren Enden 1–2 cm lang abschneiden. Das untere Drittel der Stangen schälen, dann Spargel diagonal in Stücke schneiden.

2. Öl in einem Wok oder Topf erhitzen und die Zwiebel 1 Minute darin anschwitzen. Den Spargel dazugeben und ebenfalls 2 Minuten anbraten. Currypaste und Limettenblätter dazugeben und diese kurz mitschwitzen, damit sich Geschmack und Farbe besser entfalten.

3. Alles mit Soja-Kochcrème und Kokosmilch ablöschen. Unter gelegentlichem Rühren einmal aufkochen lassen.

4. Pak Choy sowie Spinat waschen und abtropfen lassen. Pak Choy grob schneiden und mit dem Spinat unter den Spargel mischen. 3–4 Minuten unter Rühren anbraten, mit Salz abschmecken. Koriander waschen und trocken schütteln. Blättchen von den Stielen zupfen und zum Curry geben. Das Curry mit gekochtem Jasminreis servieren.

242 kcal / 8 g Eiweiß / 17 g Fett / 11 g Kohlenhydrate
* LAKTOSEFREI * VEGETARISCH * VEGAN *

SCHNELLE SPARGELSUPPE

ZUTATEN FÜR 4 PORTIONEN

250 g weißer Spargel
(ca. 6 Stangen)
1 TL Salz
100 g Margarine
60 g Mehl
250 ml Alpro Soja-
Kochcrème Cuisine
Salz, Cayennepfeffer
1 TL Zucker
Saft von ½ Zitrone

4 Stängel Kerbel,
Blätter gezupft

ZUBEREITUNG  30 MINUTEN

1. Den Spargel schälen und die holzigen Enden abschneiden. Schalen und Enden aufbewahren. 1 Liter leicht gesalzenes Wasser zum Kochen bringen und die Spargelstangen ca. 8 Minuten darin garen. Herausnehmen und in kaltem Wasser kurz abschrecken. Spargelstangen in kurze Stücke schneiden.

2. Die Schalen und Enden wieder ins Spargelwasser geben, aufkochen und 30 Minuten ziehen lassen. Den Spargelfond in ein Sieb abgießen, die Schalen und Enden anschließend entsorgen. 800 ml Spargelfond abmessen.

3. Margarine in einem Topf aufschäumen. Mehl dazugeben und darin anschwitzen. Mit dem leicht abgekühlten Spargelfond auffüllen und mit einem Schneebesen kräftig verrühren, damit sich keine Klumpen bilden. Zügig unter Rühren aufkochen, dann 5–10 Minuten leicht köcheln lassen, dabei immer wieder umrühren.

4. Zum Schluss Soja-Kochcrème dazugeben und mit Salz, Cayennepfeffer, Zucker und Zitronensaft abschmecken. Die Spargelstücke auf 4 große Suppenteller verteilen. Die Spargelsuppe dazugeben und mit Kerbelblättern garnieren.

267 kcal / 4 g Eiweiß / 14 g Kohlenhydrate / 15 g Fett
* LAKTOSEFREI * VEGETARISCH * VEGAN *

WEISSER SPARGEL

mit Apfel-Schinken-Schaum, Kerbel und Drillingen

ZUTATEN FÜR 4 PORTIONEN

1 kg weißer Spargel
Salz, Zucker
1 unbehandelte Zitrone für den
    Spargelfond
400 g kleine, neue Kartoffeln
    mit Schale (Drillinge)
1 kleines Bund Kerbel, gewaschen
    und Blättchen abgezupft

FÜR DEN APFEL-SCHINKEN-SCHAUM:

200 ml Apfelsaft
1 kleine Zwiebel, in Streifen
    geschnitten
2 Scheiben geräucherter
    Katenschinken, gewürfelt
100 ml Gemüsebrühe
100 ml Alpro Soja-Kochcrème Cuisine
1 TL Speisestärke
Salz, 1 Prise Zucker
1 Prise Cayennepfeffer
abgeriebene Schale von ½
    unbehandelten Zitrone

ZUBEREITUNG  30 MINUTEN

1. Den Spargel schälen, die holzigen Enden abschneiden. Einen großen Topf mit Wasser aufsetzen und mit Salz, Zucker sowie etwas Zitronenschale würzen. Das Wasser zum Kochen bringen.

2. Die Drillinge waschen und in Salzwasser in ca. 15 Minuten gar kochen. Abgießen und warm stellen.

3. In der Zwischenzeit für den Apfel-Schinken-Schaum den Apfelsaft mit den Zwiebelstreifen und dem Katenschinken in einem Topf erhitzen und die Flüssigkeit vollständig verkochen lassen. Gemüsebrühe und Soja-Kochcrème dazugeben und kurz aufkochen lassen. Alles mit dem Pürierstab kräftig durchmixen. Die Stärke mit etwas kaltem Wasser anrühren und den Apfelschaum damit binden. Mit Salz, Zucker, Cayennepfeffer und etwas Zitronenschale abschmecken. Durch ein Sieb passieren.

4. Den Spargel in dem vorbereiteten Spargelwasser ca. 4–5 Minuten garen. Abgießen, dann mit den Drillingen auf Tellern anrichten. Mit Apfel-Schinken-Schaum beträufeln und großzügig mit Kerbel garnieren.

219 kcal / 9 g Eiweiß / 7 g Fett / 28 g Kohlenhydrate

* LAKTOSEFREI *

SPEISEN GEGEN FERNWEH

MUMBAI-FIRE-BURRITOS

mit Tandoori-Lassi

ZUTATEN FÜR 4 PORTIONEN

FÜR DIE BURRITOS:

5 EL Öl
400 g Lamm- oder Rinderhackfleisch
1 Zwiebel, gewürfelt
1 EL Tandooripaste
1 EL Tomatenmark
Salz
1 rote Peperoni, gehackt
1 TL Speisestärke
½ frische Mango, gewürfelt
200 g gekochter Basmatireis, abgekühlt
1 kleines Bund Petersilie, geschnitten,
   einige Blätter zum Garnieren
4 Burrito-Wraps

FÜR DEN LASSI:

500 g Alpro Soja-Joghurt-
   alternative Natur
1 Prise Salz
1 EL Tandooripaste

ZUBEREITUNG CA. 30 MINUTEN + BACKZEIT: 15 MINUTEN

1. Für die Burritofüllung das Öl in einem Topf erhitzen und das Hackfleisch darin anbraten. Zwiebelwürfel dazugeben und mitschwitzen. Tandooripaste und Tomatenmark kurz mitrösten. Mit Salz und Peperoni würzen. So viel Wasser angießen, dass die Fleischmasse bedeckt ist. Aufkochen lassen, dann bei mittlerer Hitze ohne Deckel kochen, bis das Fleisch gar und nur noch wenig Flüssigkeit im Topf ist. Die Sauce mit etwas Stärke binden, anschließend abkühlen lassen.

2. Die abgekühlte Fleischmischung mit Mangowürfeln, Reis und Petersilie vermengen. Die Mischung in die Mitte der Burrito-Wraps geben. Zwei gegenüberliegende Seiten der Wraps einklappen, dann von einer anderen Seite her aufrollen, sodass die Wraps von allen Seiten verschlossen sind.

3. Die Wraps auf ein mit Backpapier ausgelegtes Backblech legen und bei 180 °C im Backofen ca. 15 Minuten backen.

4. In der Zwischenzeit für den Lassi alle Zutaten mit 200 ml Wasser mit einem Pürierstab mixen und mit Salz abschmecken. Der Lassi mildert die Schärfe in indischen Gerichten ab.

744 kcal / 31 g Eiweiß / 40 g Fett / 55 g Kohlenhydrate
* LAKTOSEFREI *

LOUP DE MER

mit Balsamicozwiebeln und Walnussrisotto

ZUTATEN FÜR 4 PORTIONEN

4 Filets vom Loup de Mer
2 EL Öl
1 EL Mehl
Salz, frisch gemahlener Pfeffer

FÜR DIE BALSAMICOZWIEBELN:

2 EL Zucker
3 EL Olivenöl
200 g Zwiebeln, in Streifen geschnitten
Salz, frisch gemahlener Pfeffer
200 ml Balsamicoessig
1 EL Speisestärke
2 EL fein geschnittene Petersilie

FÜR DEN WALNUSSRISOTTO:

100 g Walnusskerne
3 EL Olivenöl
1 Knoblauchzehe, gewürfelt
1 Zwiebel, gewürfelt
200 g Risottoreis
Salz, frisch gemahlener Pfeffer
300 ml Gemüsebrühe
200 ml Alpro Soja-Kochcrème Cuisine

ZUBEREITUNG 15 MINUTEN + GARZEIT: 40 MINUTEN

1. Für die Balsamicozwiebeln Zucker in einem Topf erhitzen und kara-mellisieren. Öl zugeben und die Zwiebelstreifen darin anschwitzen. Mit Salz sowie Pfeffer würzen und Balsamicoessig angießen. Aufkochen und so lange ohne Deckel köcheln, bis die Flüssigkeit auf etwa die Hälfte reduziert ist. Stärke mit etwas kaltem Wasser anrühren und die Sauce damit leicht binden.

2. Für den Walnussrisotto die Walnusskerne auf einem Blech im Ofen bei 170 °C ca. 5–8 Minuten rösten. Olivenöl in einem Topf erhitzen. Knoblauch und Zwiebeln darin anschwitzen. Reis dazugeben, mit Salz und Pfeffer würzen und kurz mitschwitzen. Dann die Gemüsebrühe angie-ßen. Aufkochen und den Reis bei niedriger Hitze ca. 20 Minuten garen.

3. Die Fischfilets trocken tupfen. Öl in einer Pfanne erhitzen. Den Loup de Mer auf der Hautseite mit Mehl bestäuben. Mit der Haut-seite zuerst in die Pfanne legen, mit Salz sowie Pfeffer würzen und ca. 3 Minuten von jeder Seite braten.

4. Der Risotto sollte mittlerweile die Brühe komplett aufgenommen haben. Nun die Soja-Kochcrème und die Walnusskerne zugeben und nochmals kurz köcheln, bis der Risotto dickflüssig und cremig ist.

5. Den Risotto auf Teller verteilen, den Loup de Mer darauf anrichten. Die Petersilie unter die Balsamicozwiebeln rühren. Einige Balsami-cozwiebeln auf den Fisch geben und servieren.

904 kcal / 29 g Eiweiß / 48 g Fett
77 g Kohlenhydrate

* LAKTOSEFREI *

TIPP

Walnüsse am besten
kühl und dunkel
lagern, dann sind sie
monatelang haltbar.

KARTUSCHI-SUSHI

mit Kartoffeln, Nori und Lachs

ZUTATEN FÜR 4 PORTIONEN

400 g mehligkochende Kartoffeln, geschält · Salz, frisch gemahlener Pfeffer · 150 g Alpro Soja-Joghurtalternative Natur · 4 Noriblätter · 200 g Lachsfilet, in 4 lange Streifen geschnitten · Wasabipaste · 1 EL heller Sesam, geröstet · 75 g eingelegter Ingwer · Shiso-Kresse oder andere Kresse nach Belieben · Sojasauce nach Belieben

ZUBEREITUNG 30 MINUTEN

1. Die Kartoffeln in Salzwasser gar kochen und anschließend durch eine Kartoffelpresse drücken. Mit Salz und Pfeffer würzen. Mit der Soja-Joghurtalternative verrühren und abkühlen lassen.

2. Die Kartoffelmasse dünn auf die Noriblätter streichen. An der oberen Kante 2 cm frei lassen.

3. Jeweils einen Lachsstreifen längs auf das untere Drittel des Nori-Kartoffel-Blatts legen. Den Lachs leicht mit Wasabipaste bestreichen. Alles mit geröstetem Sesam bestreuen und von der unteren Längsseite her vorsichtig aufrollen. Am besten eine Sushimatte aus Bambus zu Hilfe nehmen. Den frei gelassenen Rand gut andrücken.

4. Die Sushi-Rolle in 8 gleich große Teile schneiden und diese mit eingelegtem Ingwer, Kresse und Sojasauce servieren.

255 kcal / 18 g Eiweiß / 10 g Fett / 21 g Kohlenhydrate

* LAKTOSEFREI *

HÄHNCHENCURRY

mit Reisnudeln und Frühlingszwiebeln

ZUTATEN FÜR 4 PORTIONEN

4 Hähnchenbrustfilets, ohne Haut · 1 EL rote Currypaste · 4 EL Öl ·
300 g dünne Reisnudeln · 2 rote Paprika · 1 TL Currypulver ·
400 ml Alpro Reisdrink Original · 1 kleines Bund Koriander, grob
gehackt · 1 Bund Frühlingszwiebeln, diagonal in Ringe geschnitten

ZUBEREITUNG 40 MINUTEN

1. Hähnchenbrust in dünne Scheiben schneiden. Die Currypaste mit Öl vermischen und die Hähnchenbrustscheiben damit marinieren.

2. Die Reisnudeln mit kochendem Wasser bedecken, 5 Minuten einweichen lassen, dann abgießen. Von der Paprika Samen entfernen, Fruchtfleisch waschen und in Streifen schneiden.

3. Die Fleischscheiben in einer Pfanne mit den Paprikastreifen anbraten. Mit Currypulver bestäuben und den Reisdrink dazugeben. Kurz aufkochen, dann die Reisnudeln hineingeben. Nochmals 2 Minuten köcheln lassen.

4. Das Hähnchencurry auf 4 Schalen verteilen. Mit Koriander und Frühlingszwiebeln bestreut servieren.

705 kcal / 41 g Eiweiß / 22 g Fett / 80 g Kohlenhydrate

* LAKTOSEFREI *

LAMM-TIKKA-SPIESSE

mit Sesam-Granatapfel-Reis

ZUTATEN FÜR 4 PORTIONEN

FÜR DIE LAMM-TIKKA-SPIESSE:

*800 g Lammfleisch aus der Keule,
    gewürfelt*
200 ml Alpro Soja-Kochcrème Cuisine
1 EL Tomatenmark
1 Knoblauchzehe, gehackt
1 EL Currypulver
1 TL Salz

10 Holzspieße
*1 kleines Bund Koriander, gehackt,
    zum Garnieren*
1 EL Mangochutney zum Servieren

FÜR DEN GRANATAPFEL-REIS:

3 EL Öl
1 Zwiebel, gewürfelt
200 g Basmatireis
Salz
1 Zimtstange
1 Sternanis
Kerne von 1 Granatapfel
frisch gemahlener Pfeffer
1 EL schwarzer Sesam

ZUBEREITUNG 15 MINUTEN + GARZEIT: 40 MINUTEN

1. Die Fleischwürfel mit den restlichen Zutaten vermischen und 3 Stunden marinieren. Holzspieße in Wasser einweichen, damit sie beim Garen im Backofen nicht verbrennen.

2. Den Backofengrill auf höchste Stufe vorheizen. Das Fleisch aus der Marinade nehmen, kurz abtropfen lassen, dann auf die eingeweichten Spieße stecken.

3. Für den Reis das Öl in einem Topf erhitzen und die Zwiebel darin anschwitzen. Reis, 1 Prise Salz, Zimtstange sowie Sternanis dazugeben und 600 ml Wasser dazugießen. Aufkochen, dann zugedeckt so lange bei schwacher Hitze köcheln lassen, bis der Reis die gesamte Flüssigkeit aufgenommen hat.

4. Die Lammspieße im Backofen von jeder Seite ca. 4 Minuten grillen, bis das Fleisch eine schöne Farbe hat und gar ist. Die Granatapfelkerne und den Sesam unter den Reis mischen und mit frisch gemahlenem Pfeffer würzen. Die Spieße auf Teller anrichten und mit Mangochutney sowie Koriander garnieren. Mit dem Reis servieren.

TIPP: So gleicht die Küche beim Herauslösen von Granatapfelkernen nicht mehr einem Schlachtfeld: Frucht halbieren, in eine Schüssel mit Wasser tauchen und die Kerne herausdrücken – sie sinken zu Boden, die Haut schwimmt oben.

818 kcal / 44 g Eiweiß/ 44 g Fett / 48 g Kohlenhydrate

* LAKTOSEFREI *

TIPP

*Etwas Mangochutney
separat dazu reichen.*

Mexikanischer

KIDNEYBOHNEN-BURGER

mit Mandel-Guacamole

ZUTATEN FÜR 4 PORTIONEN

FÜR DIE GUACAMOLE:

1 Avocado
1 Knoblauchzehe, fein gewürfelt
Saft und Schale von
  1 unbehandelten Zitrone
1 rote Peperoni, die scharfen Samen
  entfernt, fein gewürfelt
50 ml Alpro Mandeldrink Original
50 g gehackte Mandeln, geröstet
Salz, frisch gemahlener Pfeffer

FÜR BURGER:

2 EL Sojaöl
1 Zwiebel, gehackt
1 Knoblauchzehe, gehackt
120 g Champignons, gehackt
½ TL gemahlener Koriander
1 Msp. gemahlener Kreuzkümmel
420 g Kidneybohnen
  (aus der Dose, abgetropft)
2 EL gehackte Petersilie
Salz, frisch gemahlener Pfeffer
Mehl oder Speisestärke
  zum Bestäuben
4 Burgerbrötchen
1 kleines Bund Koriander,
  grob gehackt
1 Handvoll Nachos

ZUBEREITUNG 50 MINUTEN

1. Für die Guacamole die Avocado halbieren, Kern entfernen, Fruchtfleisch aus der Schale lösen und würfeln oder pürieren. Mit Knoblauch, Zitrone, Peperoni (einige Stückchen als Dekoration beiseitelegen), Mandeldrink und Mandeln verrühren. Mit Salz und Pfeffer würzen.

2. Für den Kidneybohnen-Burger das Öl in einer Pfanne erhitzen. Zwiebeln und Knoblauch darin anschwitzen. Champignons und die Gewürze zugeben. Dünsten, bis die gesamte Flüssigkeit der Pilze verdampft ist.

3. Die Kidneybohnen in einer Schüssel mit einer Gabel zerdrücken. Die Zwiebel-Champignon-Masse und die Petersilie zugeben. Mit Salz und Pfeffer würzen. Alles zu einer gleichmäßigen Masse verarbeiten. In 4 Portionen teilen und daraus Burger formen und mit Mehl oder Stärke bestäuben. In einer Pfanne von beiden Seiten ca. 2 Minuten anbraten, dabei vorsichtig wenden.

4. Die Burgerbrötchen halbieren und im Ofen leicht toasten. Herausnehmen, die Burger auf die unteren Hälften setzen, die Guacamole darüber verteilen und mit Koriander und Peperoni bestreuen. Die Nachos über den Burgern zerbröseln, obere Brötchenhälften daraufsetzen und servieren.

639 kcal / 24 g Eiweiß / 28 g Fett / 67 g Kohlenhydrate
* LAKTOSEFREI * VEGETARISCH * VEGAN *

TIPP

Braune Champignons
haben ein kräftigeres
Aroma als weiße.

Thailändisches

MANDEL-RINDERRAGOUT

ZUTATEN FÜR 4 PORTIONEN

500 G RINDERFILET
1 ZWIEBEL
1 MÖHRE
50 G INGWER
1 UNBEHANDELTE ZITRONE
5 EL ERDNUSS-
   ODER RAPSÖL
1/2 TL GEMAHLENER
   KREUZKÜMMEL
100 G GEMAHLENE MANDELN,
   OHNE SCHALE
250 ML GEMÜSEBRÜHE
500 ML ALPRO MANDELDRINK
   ORIGINAL
1 BUND THAIBASILIKUM

409 kcal / 33 g Eiweiß / 25 g Fett /
9 g Kohlenhydrate
* LAKTOSEFREI *

ZUBEREITUNG 30 MINUTEN

1. Das Fleisch würfeln. Zwiebel sowie Möhre schälen und in Streifen schneiden. Ingwer schälen und fein würfeln. Zitrone heiß waschen und die Schale dünn abreiben, den Saft auspressen.

2. Öl in einer großen Pfanne oder einem Topf erhitzen und das Fleisch portionsweise darin anbraten. Herausnehmen und beiseitestellen.

3. Zwiebel, Ingwer und Kreuzkümmel in der Pfanne, in der das Fleisch angebraten wurde, anschwitzen. Zitronenschale, Saft und Mandeln zugeben. Gemüsebrühe, Mandeldrink und das angebratene Rindfleisch einrühren. Alles zusammen aufkochen und 3–4 Minuten leicht köcheln.

4. Thaibasilikum waschen und trocken schütteln. Blättchen von den Stielen zupfen. Das Ragout in 4 tiefen Tellern anrichten und mit Thaibasilikum bestreuen.

TIPP: Für eine vegetarische Variante einfach das Rinderfilet durch Paprika, Zucchini und Süßkartoffeln ersetzen.

KUCHEN & TÖRTCHEN

ZITRONEN-CHEESECAKE

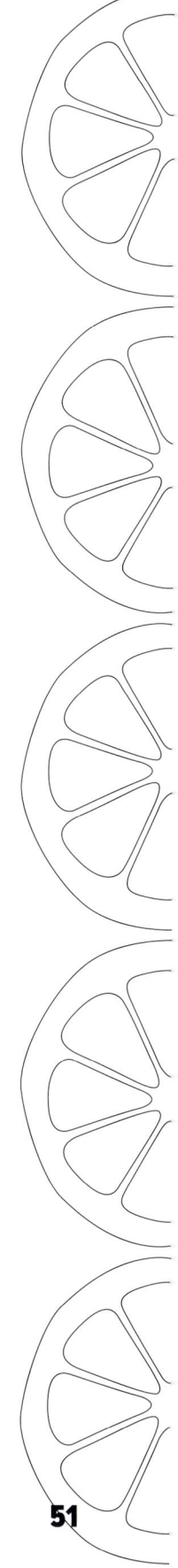

ZUTATEN FÜR 12 STÜCKE

FÜR DEN MÜRBETEIG:

200 g Mehl
100 g kalte Butter
50 g Zucker
1 Ei
1 Prise Salz

FÜR DIE FÜLLUNG:

1 kg Alpro Soja-Joghurtalternative
  Cremoso Zitronenkuchen
250 ml Alpro Soja-Kochcrème
  Cuisine
4 Eier
abgeriebene Schale von
  1 unbehandelten Zitrone
60 g Vanillepuddingpulver
200 g Zucker
1 Vanilleschote

ZUBEREITUNG CA. 30 MINUTEN + KÜHLZEIT: 50 MINUTEN + BACKZEIT: 1 STUNDE 45 MINUTEN

1. Für den Mürbeteig alle Zutaten in einer Schüssel oder in der Küchenmaschine verkneten. Den Teig nicht zu lange bearbeiten, sonst wird er „brandig" und hält beim Backen nicht mehr zusammen. Ca. 30 Minuten in Frischhaltefolie gewickelt im Kühlschrank ruhen lassen.

2. Den Teig 10 Minuten vor dem Ausrollen aus dem Kühlschrank nehmen. Eine saubere Arbeitsfläche mit Mehl bestäuben und den Teig mit einem Nudelholz etwa 4 mm dick ausrollen.

3. Eine eingefettete Springform (26 cm Durchmesser) mit dem Teig auskleiden. Dazu den Teig über das Nudelholz schlagen, über die Form heben und darüber abrollen. Mit dem überstehenden Teig die Ränder der Form bedecken. Den Teig am Boden und an den Rändern der Form festdrücken. Anschließend ca. 20 Minuten kühl stellen.

4. Backofen auf 160 °C vorheizen. Den Boden ca. 15 Minuten hell vorbacken. Für die Füllung alle Zutaten gut verrühren. Darauf achten, dass das Puddingpulver keine Klümpchen bildet. Die Creme auf dem vorgebackenen Boden verstreichen und den Cheesecake bei 120 °C ca. 90 Minuten backen. Aus dem Ofen nehmen, abkühlen lassen und aus der Form lösen.

393 kcal / 8 g Eiweiß / 19 g Fett / 47 g Kohlenhydrate
* LAKTOSEFREI * VEGETARISCH *

ZITRONEN-PFIRSICH-CUPCAKES

ZUTATEN FÜR 12 STÜCK

FÜR DIE CUPCAKES:

160 G MARGARINE

2 UNBEHANDELTE ZITRONEN

250 G MEHL

1 PÄCKCHEN BACKPULVER

50 G ZUCKER

1 PRISE SALZ

3 EIER

120 G HONIG

FÜR DAS FROSTING:

50 G MARGARINE

50 G ALPRO SOJA-JOGHURT-
ALTERNATIVE PFIRSICH

250 G PUDERZUCKER

12 PAPIERBACKFÖRMCHEN

ZUBEREITUNG
20 MINUTEN + BACKZEIT: 25 MINUTEN +
ABKÜHLZEIT: 30 MINUTEN

1. Den Backofen auf 175 °C vorheizen. Margarine in einem Topf bei niedriger Hitze schmelzen. Papierbackförmchen auf ein Muffinblech mit 12 Vertiefungen verteilen. Zitronen heiß waschen. Die Schale dünn abreiben und Saft auspressen. Mehl, Backpulver, Zucker und Salz mischen. Eier, Honig, Zitronensaft, Zitronenschale und Margarine zur Mehlmischung geben und alles zu einem Teig verrühren.

2. Den Teig auf die Muffinförmchen verteilen und ca. 25 Minuten backen. Herausnehmen und 30 Minuten auskühlen lassen.

3. Für das Frosting die Margarine schmelzen. Soja-Joghurtalternative und Puderzucker unterrühren. Mindestens 30 Minuten kühl stellen.

4. Das Frosting in einen Spritzbeutel mit Sterntülle füllen und die Cupcakes damit verzieren.

268 kcal / 4 g Eiweiß / 3 g Fett / 49 g Kohlenhydrate

* LAKTOSEFREI * VEGETARISCH *

Schnelle

BEERENTORTE

ZUTATEN FÜR 12 STÜCKE

1 Tortenboden
2 Alpro Soja-Desserts Feine Vanille (à 125 g)
300 g frische Beeren
    (z. B. Heidelbeeren, Erdbeeren und Johannisbeeren)

ZUBEREITUNG 10 MINUTEN + KÜHLZEIT: 2 STUNDEN

Den Tortenboden mit dem Soja-Dessert bestreichen.
Die Beeren waschen und putzen, die Erdbeeren halbieren. Alle Beeren auf dem Kuchen verteilen. Die Torte
vor dem Servieren 2 Stunden kühl stellen.

117 kcal / 3 g Eiweiß / 2 g Fett / 22 g Kohlenhydrate
* LAKTOSEFREI * VEGETARISCH *

Frühlingsgruß:

VANILLE-MANGO-TÖRTCHEN

ZUTATEN FÜR 6 TÖRTCHEN

6 Törtchenböden
2 Alpro Soja-Desserts Feine Vanille (à 125 g)
1 reife Mango
6 Physalis

ZUBEREITUNG 15 MINUTEN +
KÜHLZEIT: 2 STUNDEN

Die Törtchenböden mit dem Soja-Dessert bestreichen.
Mango schälen, das Fruchtfleisch vom Kern, dann in
feine Spalten schneiden. Physalis halbieren. Das Obst
auf den Törtchenböden verteilen. Die Törtchen vor dem
Servieren 2 Stunden kühl stellen.

250 kcal / 4 g Eiweiß / 4 g Fett / 50 g Kohlenhydrate
* LAKTOSEFREI * VEGETARISCH *

 # KOKOS-LIMETTEN-TARTE

Copacabana

ZUTATEN FÜR 12 STÜCKE

FÜR DEN TEIG:

100 g weiche Margarine
50 g Puderzucker
1 Eigelb
1 Prise Salz
180 g Mehl
getrocknete Linsen
   zum Blindbacken

FÜR DIE FÜLLUNG:

3 unbehandelte Limetten
125 g Butter
150 g Zucker
4 Eigelb
60 ml Alpro Kokosnussdrink
   Original
1 EL Kokosflocken

ZUBEREITUNG 45 MINUTEN + KÜHLZEIT: 3 STUNDEN + BACKZEIT: 25 MINUTEN

1. Für den Mürbeteig alle Zutaten zu einem geschmeidigen Teig verkneten. In Frischhaltefolie gewickelt 1 Stunde kühl stellen. Eine Tarteform (24 cm Durchmesser) mit Backpapier auslegen. Den Backofen auf 190 °C vorheizen.

2. Den Teig ausrollen und die Form damit auskleiden. Rundum leicht andrücken und überstehenden Teig gerade abschneiden. Mit Backpapier bedecken und getrocknete Linsen daraufgeben. Den Teig ca. 15 Minuten blindbacken. Linsen und Backpapier entfernen und den Boden weitere 10 Minuten backen.

3. Für die Füllung die Limetten heiß waschen, Schale abreiben und Saft auspressen. Die Butter in einem Topf zerlassen und Zucker, Eigelbe, Kokosnussdrink, Kokosflocken, Limettenschale und 4 EL Limettensaft dazugeben.

4. Alles bei mittlerer Hitze und unter ständigem Rühren ca. 5 Minuten erwärmen, aber nicht kochen, bis eine dickflüssige Creme entsteht. Die Creme auf dem vorgebackenen Tarteboden verteilen und die Tarte ca. 2 Stunden kühl stellen.

260 kcal / 3 g Eiweiß / 18 g Fett / 21 g Kohlenhydrate

* VEGETARISCH *

SCHOKO-GUGELHUPF

mit Aprikosen

ZUTATEN FÜR 16 STÜCKE

250 g Margarine · 175 g Zucker · 250 g Alpro Soja-Dessert Dunkle Schokolade Feinherb · 1 Würfel frische Hefe · 400 g Mehl · 100 g Kakaopulver · 1 Prise Salz · 3 Eier · 200 g getrocknete Aprikosen, grob gehackt, in Orangensaft eingelegt · 100 g grob gehackte Mandeln · Puderzucker zum Bestäuben

ZUBEREITUNG 20 MINUTEN + GEHZEIT: 2 STUNDEN + BACKZEIT: 1 STUNDE

1. Für den Teig die Margarine mit dem Zucker erhitzen, damit dieser flüssig wird. Soja-Dessert unterrühren. Hefe dazugeben und in der Mischung auflösen. Mehl, Kakao, Salz und Eier dazugeben und alles zu einem geschmeidigen Teig verkneten.

2. Den Teig in einer Schüssel abgedeckt an einem warmen Ort 60 Minuten gehen lassen, bis er sein Volumen verdoppelt hat.

3. Eine Gugelhupfform einfetten. Die Hälfte des Teigs hineingeben, die Aprikosen und Mandeln darauf verteilen, dann den restlichen Teig daraufgeben. Weitere 60 Minuten gehen lassen.

4. Backofen auf 160 °C vorheizen. Den Gugelhupf 50–60 Minuten backen. Noch warm aus der Form stürzen und mit Puderzucker bestäuben. Am besten noch lauwarm servieren.

317 kcal / 7 g Eiweiß / 12 g Fett / 40 g Kohlenhydrate
· LAKTOSEFREI · VEGETARISCH ·

RHABARBER-ERDBEER-KUCHEN

mit Holunderblütensirup

ZUTATEN FÜR 12 STÜCKE

150 g Margarine · 200 g Rhabarber · 150 g Zucker · 150 g Mehl ·
½ TL Vanillezucker · 1 Prise Salz · 2 gestr. TL Backpulver · 3 Eier ·
125 ml Holunderblütensirup · 250 g Erdbeeren · 100 ml Alpro Soja-
Kochcrème Cuisine

ZUBEREITUNG 20 MINUTEN + BACKZEIT: 40 MINUTEN + MARINIERZEIT: 10 MINUTEN

1. Margarine in einem kleinen Topf zerlassen. Den Boden einer Springform (20 cm Durchmesser) mit Backpapier auslegen. Rhabarber waschen, putzen und in Stücke schneiden.

2. In einer Schüssel 130 g Zucker, Mehl, Vanillezucker, Salz und Backpulver mischen. Eier sowie flüssige Margarine dazugeben und alles zu einem glatten Teig verrühren. Den Teig in die Form füllen. Rhabarber mit 1 EL Zucker mischen und auf dem Teig verteilen.

3. Den Backofen auf 150 °C vorheizen. Den Kuchen auf der mittleren Schiene ca. 40 Minuten backen. Herausnehmen, mehrmals mit einem Holzspieß einstechen und mit Holunderblütensirup tränken.

4. Erdbeeren putzen, waschen und in Scheiben schneiden. Mit restlichem Zucker bestreuen und 10 Minuten marinieren. Soja-Kochcrème mit den Rührbesen des Handrührgerätes schaumig schlagen. Erdbeeren mit der Creme zum Kuchen servieren.

262 kcal / 4 g Eiweiß / 13 g Fett / 31 g Kohlenhydrate
* LAKTOSEFREI * VEGETARISCH *

DEKOTIPP

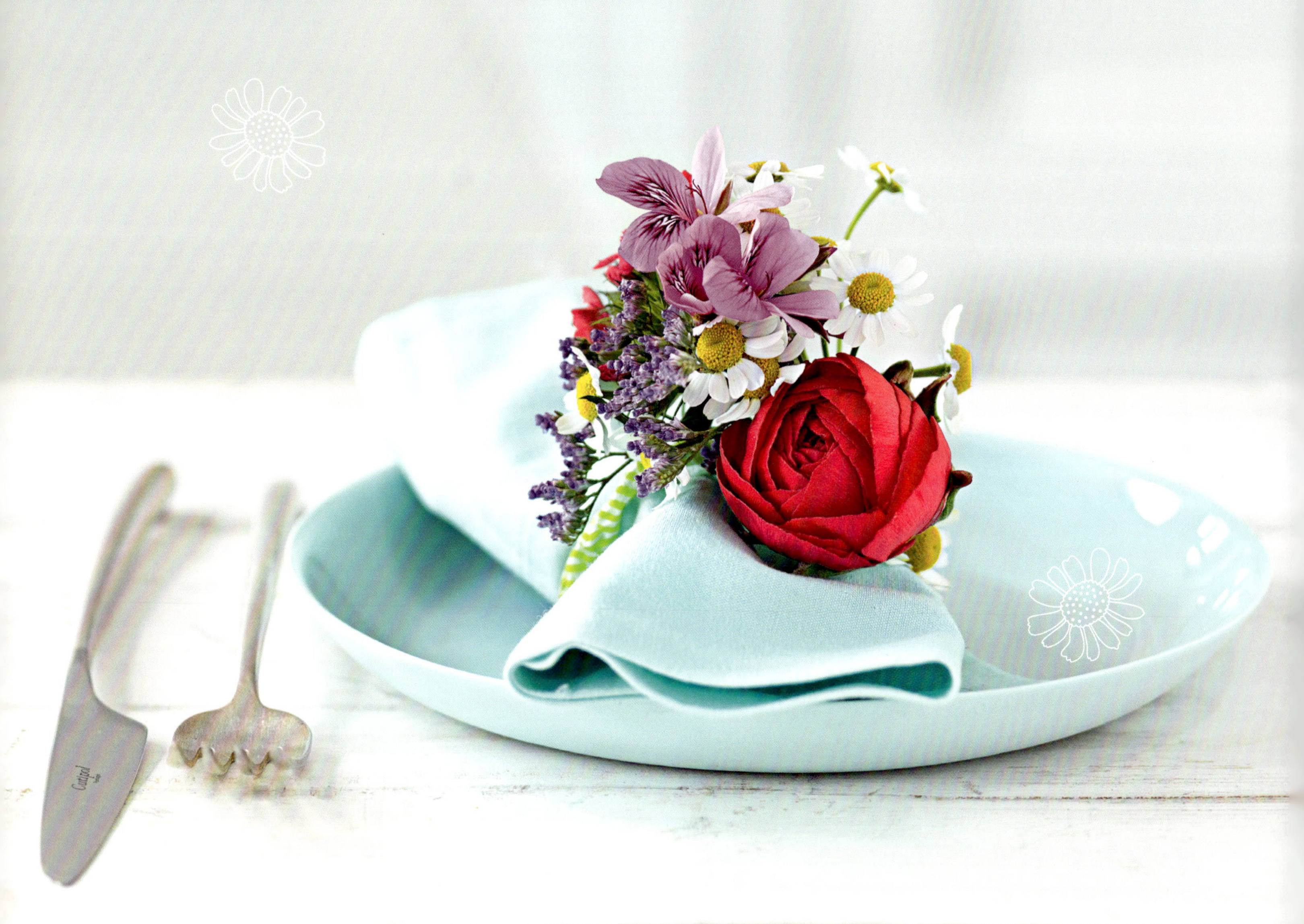

TIPP

Besonders schön wirken diese Blumen-Serviettenringe, wenn sich die verwendeten Blumen in der Tischdeko wiederfinden.

BLUMIGE SERVIETTENRINGE

BLUMEN MACHEN SICH NICHT NUR IN DER VASE GUT, AUCH ALS SERVIETTEN-
RINGE WERDEN SIE ZUM BUNTEN HIGHLIGHT AUF DEM ESSTISCH.

ZUTATEN

*verschiedene kleine Blumen,
    nach Belieben*
grüner Draht
grünes Masking-Tape
Schere

ANLEITUNG

1. Einzelne Blumen auswählen und die Stängel kürzen. Ca. 20 cm vom Draht mit der Schere abschneiden und zu einem Ring eindrehen.

2. Die Blüten wie gewünscht anordnen und mit dem Masking-Tape an den Drahtring kleben.

3. Die Enden der Blüten gut mit dem Masking-Tape verkleben, sodass der gesamte Drahtring mit dem Tape beklebt ist.

1.

2.

3.

zum Dahinschmelzen

SOMMER-
REZEPTE

GERÖSTETE SESAM-HAFERFLOCKEN

mit frischer Mango

2 EL SONNEN-
BLUMENÖL · 1 TL SESAMÖL ·
5 GEHÄUFTE EL KERNIGE HAFERFLOCKEN ·
1 EL ZUCKER · 200 G FRUCHTFLEISCH EINER
FRISCHEN, REIFEN MANGO · 250 G ALPRO
SOJA-JOGHURTALTERNATIVE NATUR ·
100 G FRISCHE KOKOSNUSS

ZUBEREITUNG

15 MINUTEN

1. Die beiden Öle in einer Pfanne erhitzen. Die Haferflocken mit dem Zucker unter ständigem Rühren darin hell rösten. Auf einem mit Backpapier ausgelegten Blech abkühlen lassen.

2. Das Mangofruchtfleisch in lange Streifen schneiden.

3. Die Soja-Joghurtalternative auf 2 Schüsseln verteilen. Die gerösteten Sesam-Haferflocken dazugeben. Die Mangostreifen darüber verteilen und die frische Kokosnuss darüberreiben.

TIPP: Mango immer bei Zimmertemperatur lagern, da sie sonst an Geschmack verliert.

266 kcal / 6 g Eiweiß / 21 g Fett / 11 g Kohlenhydrate
* LAKTOSEFREI * VEGETARISCH * VEGAN *

BIRCHER SOMMERPORRIDGE

ZUTATEN FÜR 4 PORTIONEN

400 ml Alpro Mandeldrink Original
400 g Alpro Soja-Joghurtalternative Natur
4 EL Ahornsirup
300 g kernige Haferflocken
150 g frische Himbeeren
60 g Haselnüsse
1 Handvoll frische Minzeblätter

ZUBEREITUNG 15 MINUTEN + KÜHLZEIT: ÜBER NACHT

1. Den Mandeldrink, die Soja-Joghurtalternative, Ahornsirup und Haferflocken verrühren und abgedeckt über Nacht in den Kühlschrank stellen.

2. Am nächsten Morgen die Himbeeren vorsichtig waschen und trocken tupfen. Die Haselnüsse in einer beschichteten Pfanne ohne Fett rösten und die Haut entfernen.

3. Die eingeweichten Haferflocken auf 4 Teller verteilen. Die gerösteten Haselnüsse sowie die frischen Himbeeren darüberstreuen. Mit Minzeblättern garnieren.

> 290 kcal / 7 g Eiweiß / 19 g Fett / 19 g Kohlenhydrate
> * LAKTOSEFREI * VEGETARISCH * VEGAN *

MANDEL-LATTE-MACCHIATO

mit Amarettini

ZUTATEN FÜR 4 PORTIONEN

600 ml Alpro Mandeldrink Original
4 doppelte Espressi
400 ml Alpro Sojadrink Original
12 Amarettini-Kekse

ZUBEREITUNG 15 MINUTEN

1. Mandeldrink in einem Topf erhitzen und auf 4 Latte-Macchiato-Gläser verteilen.

2. Je 1 frisch gekochten Espresso in die Gläser gießen.

3. Sojadrink mit einem Milchaufschäumer zu einem festen Schaum aufschäumen. Den Schaum auf den Mandeldrink geben, mit grob zerkleinerten Amarettini bestreuen und sofort servieren.

289 kcal / 8 g Eiweiß / 15 g Fett / 29 g Kohlenhydrate
* LAKTOSEFREI * VEGETARISCH * VEGAN *

FRÜHSTÜCKS-GRANOLA
mit Erdbeer-Melonen-Salat

ZUTATEN FÜR 4 PORTIONEN

2 EL Öl
2 EL flüssigen Honig
½ TL Zimtpulver
6 EL kernige Haferflocken
500 g Erdbeeren
500 g Charanteis- oder
   Galiamelone
Saft von 1 Zitrone
500 g Alpro Soja-Joghurt-
   alternative Natur
3 Minzestängel

ZUBEREITUNG 30 MINUTEN

1. Öl, Honig und Zimt verrühren und gut mit den Haferflocken vermengen. Den Backofen auf 160 °C vorheizen.

2. Die Haferflockenmischung auf einem mit Backpapier ausgelegten Backblech verteilen und 20 Minuten knusprig backen. Während des Backens immer wieder wenden, sonst verbrennt die Granola. Herausnehmen, abkühlen lassen und grob zerkleinern.

3. Die Erdbeeren vorsichtig waschen, putzen und halbieren. Die Melone schälen, Kerne entfernen und das Fruchtfleisch in mundgerechte Stücke schneiden. Früchte mit dem Zitronensaft marinieren.

4. Soja-Joghurtalternative in 4 tiefe Teller oder Schalen geben. Die marinierten Früchte darauf verteilen. Die Minze waschen, Blätter abzupfen und in Streifen schneiden. Mit der Granola über die Früchte streuen.

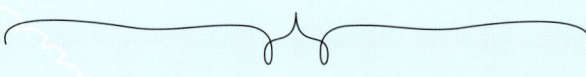

208 kcal / 5 g Eiweiß / 5 g Fett / 33 g Kohlenhydrate

* LAKTOSEFREI * VEGETARISCH *

TIPP

Für einen veganen Smoothie den
Honig durch Ahornsirup ersetzen.

APFEL-KIWI-SMOOTHIE

mit Mangospieß

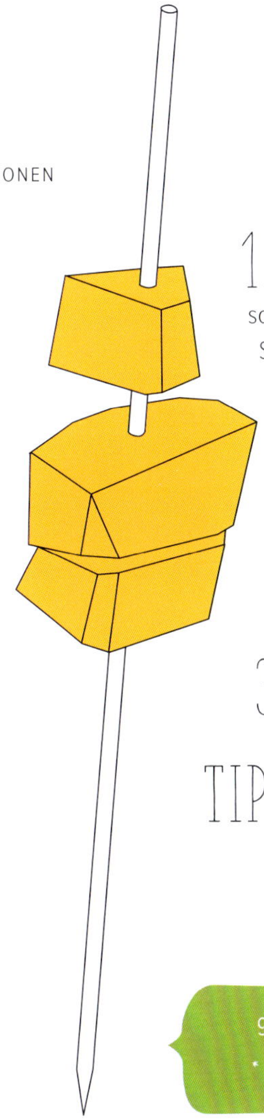

ZUTATEN FÜR 4 PORTIONEN

2 ÄPFEL
2 KIWIS
2 BANANEN
300 G EISWÜRFEL
100 ML ALPRO
    SOJADRINK ORIGINAL,
    BEI BEDARF MEHR
1 HANDVOLL ZITRONEN-
    MELISSEBLÄTTER
1 REIFE MANGO
1-2 EL HONIG

ZUBEREITUNG 15 MINUTEN

1. Äpfel waschen, vierteln und Kerngehäuse entfernen. Das Fruchtfleisch grob würfeln. Kiwis und Bananen schälen und ebenfalls würfeln. Das Obst mit Eiswürfeln, Sojadrink und der Hälfte der Melisseblätter pürieren. Soll der Smoothie cremiger sein, noch einen Schuss Sojadrink dazugeben.

2. Die Mango schälen, das Fruchtfleisch erst vom Stein und dann in 1 cm große Würfel schneiden. Die Mangowürfel auf die Holzspieße stecken und mit Honig beträufeln.

3. Smoothie in 4 geeiste Gläser füllen und mit dem Mangospieß und übrigen Melisseblättern garniert servieren.

TIPP: Honig enthält eine Reihe gesundheitsfördernder Substanzen, die sogar gegen Bakterien wirken.

96 kcal / 2 g Eiweiß / 1 g Fett / 19 g Kohlenhydrate
* LAKTOSEFREI * VEGETARISCH *

KOKOS-LIMETTEN-SHAKE
mit Minze

ZUTATEN FÜR 4 PORTIONEN

200 g gehobelte Mandeln
600 ml Alpro Kokosnussdrink Original
2 unbehandelte Limetten
6 EL Ahornsirup
1 Handvoll Eiswürfel
2 EL getrocknete Cranberrys
2 Minzestängel

ZUBEREITUNG 15 MINUTEN +
EINWEICHZEIT: ÜBER NACHT

1. Die Mandeln über Nacht im Kokosnussdrink einwei-chen lassen und dabei kühl stellen.

2. Am nächsten Tag die Limetten heiß waschen, Schale abreiben und Saft auspressen. Beides zum Kokos-nussdrink geben. Ahornsirup und Eiswürfel hinzufügen und alles in einem Mixer oder mit einem Pürierstab mixen.

3. Den Drink auf 4 geeiste Gläser verteilen, mit Cran-berrys bestreuen und mit Minzeblättern garnieren.

440 kcal / 12 g Eiweiß / 25 g Fett / 33 g Kohlenhydrate
* LAKTOSEFREI * VEGETARISCH * VEGAN *

SCHOKO-BANANEN-SMOOTHIE

ZUTATEN FÜR 4 PORTIONEN

8 reife Bananen
700 ml Alpro Haselnussdrink
2 EL Honig
2 EL Kakaopulver

ZUBEREITUNG CA. 10 MINUTEN + GEFRIERZEIT: ÜBER NACHT

1. Bananen schälen, in Stücke schneiden und über Nacht einfrieren.

2. Gefrorene Bananenstücke mit dem Haselnussdrink, Honig und 1 EL Kakao in einem Mixer oder mit einem Pürierstab zu einem schaumigen Shake mixen.

3. Die Ränder von 4 geeisten Gläsern in den restlichen Kakao drücken.

4. Schoko-Bananen-Shake auf die 4 Gläser verteilen und servieren.

TIPP: Eine Prise Cayennepfeffer oder ein wenig frische Chili geben dem Shake eine exotische Note.

212 kcal / 3 g Eiweiß / 4 g Fett / 37 g Kohlenhydrate
* LAKTOSEFREI * VEGETARISCH *

KIRSCH-MINZE-SHAKE

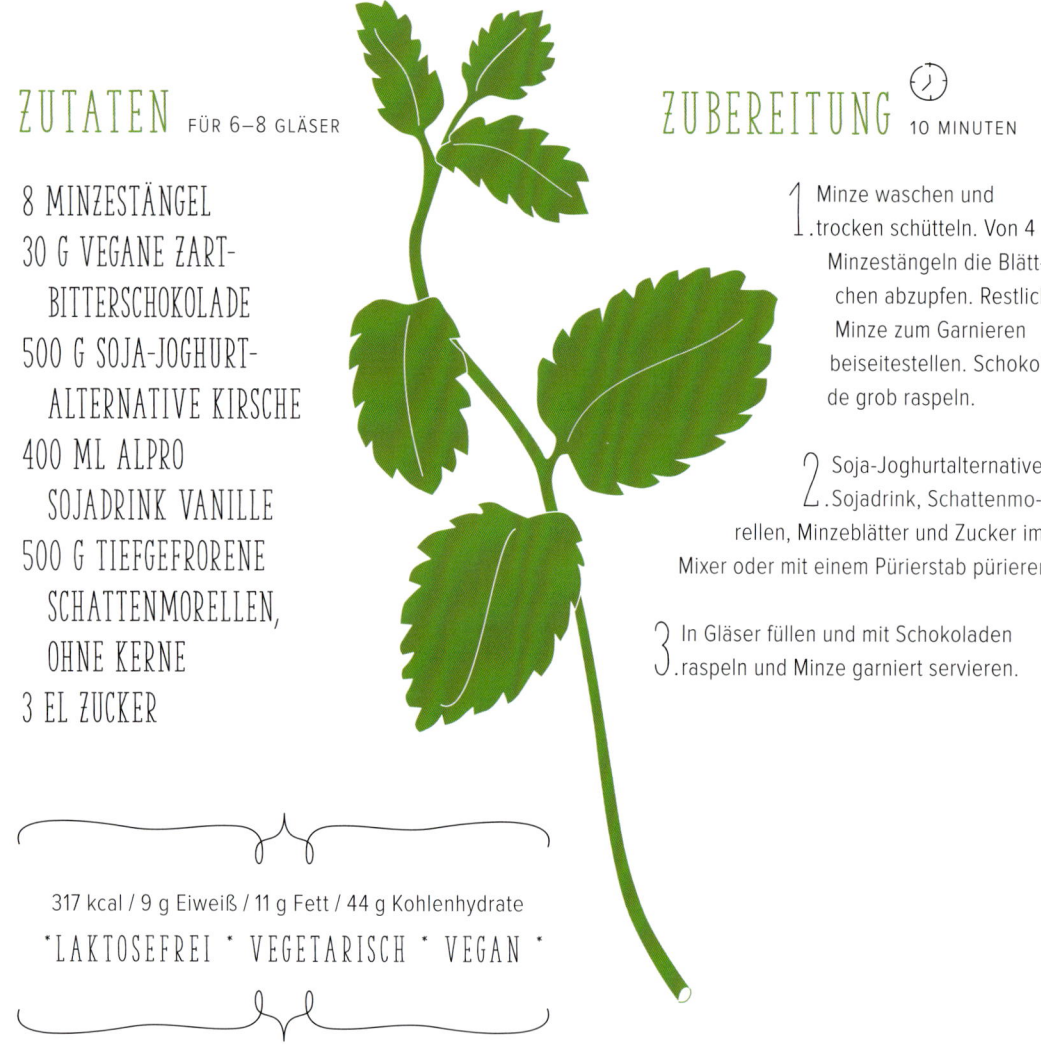

ZUTATEN FÜR 6–8 GLÄSER

8 MINZESTÄNGEL
30 G VEGANE ZART-
  BITTERSCHOKOLADE
500 G SOJA-JOGHURT-
  ALTERNATIVE KIRSCHE
400 ML ALPRO
  SOJADRINK VANILLE
500 G TIEFGEFRORENE
  SCHATTENMORELLEN,
  OHNE KERNE
3 EL ZUCKER

ZUBEREITUNG 10 MINUTEN

1. Minze waschen und trocken schütteln. Von 4 Minzestängeln die Blättchen abzupfen. Restliche Minze zum Garnieren beiseitestellen. Schokolade grob raspeln.

2. Soja-Joghurtalternative, Sojadrink, Schattenmorellen, Minzeblätter und Zucker im Mixer oder mit einem Pürierstab pürieren.

3. In Gläser füllen und mit Schokoladenraspeln und Minze garniert servieren.

317 kcal / 9 g Eiweiß / 11 g Fett / 44 g Kohlenhydrate
*LAKTOSEFREI * VEGETARISCH * VEGAN*

TIPP

Besonders erfrischend an heißen Sommertagen:
Die Gläser 2–3 Stunden vor dem Servieren ins Gefrierfach stellen.

Frozen
APFEL-CHAI

1 GROSSER ROTER APFEL ·
5 REIFE BANANEN · 500 ML
APFELSAFT · 4 TEEBEUTEL CHAI TEE ·
1 ZITRONE · 400 ML ALPRO
SOJADRINK VANILLE ·
1 ZIMTSTANGE ZUM
GARNIEREN

ZUBEREITUNG
20 MINUTEN +
GEFRIERZEIT: ÜBER NACHT

1. Den Apfel vierteln, schälen und Kerngehäuse entfernen. Bananen schälen. Apfel und Bananen in grobe Stücke schneiden und über Nacht einfrieren.

2. Den Apfelsaft in einem Topf aufkochen, vom Herd nehmen und die Chai-Teebeutel darin ziehen lassen, bis der Apfelsaft kalt ist. Teebeutel entfernen.

3. Die Zitrone halbieren und den Saft auspressen. Den ausgekühlten Apfelsaft mit gefrorenen Früchten, Zitronensaft und dem Sojadrink fein und schaumig pürieren.

4. Den Frozen Chai in 4 im Gefrierfach gekühlte Gläser abfüllen. Mit Trinkhalm und nach Belieben mit einer Zimtstange garniert servieren.

225 kcal / 4 g Eiweiß / 2 g Fett / 46 g Kohlenhydrate

* LAKTOSEFREI * VEGETARISCH * VEGAN *

LACHS-SPINAT-WRAPS
mit Roter Bete und Senf-Dill-Sauce

ZUTATEN FÜR 4 PORTIONEN

150 g Rote Bete
Salz, frisch gemahlener Pfeffer
Zucker
Olivenöl
Weißweinessig
1 kleines Bund Dill
100 g Alpro Soja-Joghurt-
    alternative Natur
1 TL grobkörniger Senf
1 EL Honig
2 Mini-Romanasalate
2 große Weizentortillas
300 g Graved Lachs,
    in Scheiben

ZUBEREITUNG 40 MINUTEN

1. Rote Bete schälen und mit einer Vierkantreibe grob reiben. Mit Salz, Pfeffer, Zucker und jeweils 1 Schuss Olivenöl und Weißweinessig würzen. Alles leicht durchkneten.

2. Den Dill waschen, trocken schütteln und die Spitzen fein hacken. Die Soja-Joghurtalternative mit Senf, Dill und Honig verrühren. Mit Salz, Pfeffer und Zucker abschmecken.

3. Den Romanasalat vom Strunk trennen und die Blätter waschen. Abtropfen lassen und in feine Streifen schneiden.

4. Die Weizentortillas zu zwei Dritteln mit der Senf-Dill-Sauce bestreichen und mit Lachs belegen. Die geriebene Rote Bete und den Salat darauf verteilen. Die Seitenränder einschlagen und die Tortilla fest einrollen. Die Wraps in Backpapier einrollen und die Enden wie ein Bonbon eindrehen. Zum Anrichten die Wraps mit einem Sägemesser diagonal halbieren und mit einer Serviette nach Belieben in einem Glas oder auf einem Teller anrichten.

245 kcal / 18 g Eiweiß / 12 g Fett / 14 g Kohlenhydrate
* LAKTOSEFREI *

Sommerdips hoch zwei:

ROTE-BETE-MEERRETTICH-DIP

ZUTATEN FÜR 4 PORTIONEN

100 g Mandelkerne, geschält · 300 g Rote Bete · 1 Zwiebel · 4 EL Olivenöl · 2 EL Meerrettich (aus dem Glas) · 100 ml Alpro Soja-Kochcrème Cuisine · 1 EL Weißweinessig · Salz · frisch gemahlener Pfeffer · Zucker · geröstetes Brot zum Servieren

ZUBEREITUNG 20 MINUTEN + EINWEICHZEIT: ÜBER NACHT + BACKZEIT: 40 MINUTEN

1. Die Mandelkerne über Nacht in Wasser einlegen.

2. Backofen auf 170 °C vorheizen. Rote Bete waschen, in Alufolie wickeln und ca. 40 Minuten backen. Herausnehmen und auskühlen lassen. Die Rote Bete schälen und grob schneiden. Zwiebel schälen und fein würfeln. 1 Esslöffel Öl in einer Pfanne erhitzen und die Zwiebelwürfel darin anschwitzen. Die Mandeln abgießen und kurz mitschwitzen.

3. Zwiebeln und Mandeln mit Roter Bete, Meerrettich, Soja-Kochcrème, restlichem Öl und Essig im Mixer oder mit dem Pürierstab zu einer glatten Creme mixen.

4. Den Dip mit Salz, Pfeffer und Zucker abschmecken, in kleine Schüsseln füllen und mit etwas geröstetem Brot servieren.

270 kcal / 7 g Eiweiß / 22 g Fett / 9 g Kohlenhydrate
* LAKTOSEFREI * VEGETARISCH * VEGAN *

MÖHREN-INGWER-DIP

mit Kardamom

ZUTATEN FÜR 4 PORTIONEN

*1 Zwiebel · 300 g Möhren · 100 g Kartoffeln · 1 EL Olivenöl ·
3 Kardamomkapseln · 1 Sternanis · 1 Msp. gemahlener Kreuzkümmel ·
1 Msp. Currypulver · 1 EL geriebener Ingwer · 100 ml Orangensaft ·
100 ml Gemüsebrühe · 1 EL Honig · 100 ml Alpro Soja-Kochcrème
Cuisine · Salz · frisch gemahlener Pfeffer*

ZUBEREITUNG 40 MINUTEN

1. Zwiebel, Möhren und Kartoffeln schälen und grob würfeln. Olivenöl
in einem Topf erhitzen und die Zwiebeln darin anschwitzen. Möhren sowie Kartoffeln zugeben und ca. 5 Minuten mitschwitzen.

2. Kardamom, Sternanis, Kreuzkümmel, Curry, Ingwer, Orangensaft,
Gemüsebrühe und Honig dazugeben. Alles einmal aufkochen lassen und bei niedriger Hitze zugedeckt ca. 15 Minuten gar ziehen lassen.

3. Wenn das Gemüse weich ist, Deckel abnehmen. Die Hitze erhöhen
und alles so lange weiterköcheln, bis die Flüssigkeit verkocht ist. Dabei mehrmals umrühren.

4. Den Topf vom Herd nehmen und das Gemüse darin abkühlen lassen. Kardamomkapseln und Sternanis entfernen. Soja-Kochcrème unterrühren. Alles zu einer glatten Creme pürieren. Dip mit Salz und Pfeffer abschmecken und auf Schalen verteilen.

325 kcal / 3 g Eiweiß / 29 g Fett / 11 g Kohlenhydrate
* LAKTOSEFREI * VEGETARISCH *

PROSCIUTTO-OLIVEN-BRUFFINS

ZUTATEN FÜR 6 BRUFFINS

200 g Margarine · 80 ml Alpro Sojadrink Original · 3 Eier · 30 g Zucker · ½ TL Salz · 1 Würfel Hefe · 350 g Mehl (nach Bedarf mehr) · 4 Scheiben Prosciutto (Rohschinken), gewürfelt · 100 g Oliven (am besten ligurische), gehackt

ZUBEREITUNG 20 MINUTEN + KÜHLZEIT: ÜBER NACHT + GEHZEIT: 1 STUNDE + BACKZEIT: 20 MINUTEN

1. Die Margarine in einem Topf schmelzen. Den Topf vom Herd nehmen und den Sojadrink, Eier, Zucker und Salz dazugeben. Alles gut verrühren.

2. Die Hefe in der Flüssigkeit auflösen. Das Mehl dazugeben und alles zu einem Teig verkneten. Den Teig über Nacht abgedeckt in den Kühlschrank stellen.

3. Am nächsten Tag den Teig auf einer gut bemehlten Arbeitsfläche ca. 1,5 cm dick ausrollen und in 5 x 15 cm breite Streifen schneiden. Die Streifen mit Schinken und Oliven bestreuen und von der schmalen Seite her aufrollen. Die Rollen in eingefettete Muffin-Backförmchen setzen und 1 Stunde an einem warmen Ort gehen lassen.

4. Die Bruffins bei 160 °C ca. 20 Minuten goldbraun backen, herausnehmen, kurz abkühlen lassen und servieren.

595 kcal / 13 g Eiweiß / 36 g Fett / 48 g Kohlenhydrate

· LAKTOSEFREI ·

LIMETTEN-KRÄUTER-DIP

Thai-Style

ZUTATEN FÜR 1 SCHALE (4 PORTIONEN)

*1 kleines Bund Dill · 1 kleines Bund Koriander · 1 kleines Bund Minze ·
1 rote milde Chili oder Peperoni · 1 Knoblauchzehe · 1 Frühlings-
zwiebel · 1 Msp. Kurkuma · Saft und Schale von 1 unbehandelten
Limette · 1 TL frisch geriebener Ingwer · 250 g Alpro Soja-Joghurtalternative Natur · 1 EL Sesam, geröstet, zum Bestreuen*

ZUBEREITUNG CA. 10 MINUTEN

1. Die Zutaten in der Küchenmaschine zerkleinern und gut verrühren
oder mit einem Pürierstab zu einer glatten Paste verarbeiten.

2. Den Dip in eine Schale füllen und mit geröstetem Sesam bestreut
servieren.

TIPP: Bevor frische Kräuter verwelken, schnell noch einen
Kräuterdip herstellen, der sich perfekt zum Tunken von Ge-
müsesticks eignet: Kräuter waschen, hacken, in die Joghurtalternative
Natur rühren und würzen.

56 kcal / 4 g Eiweiß / 3 g Fett / 3 g Kohlenhydrate

* LAKTOSEFREI * VEGETARISCH * VEGAN *

ERBSENFALAFEL

mit Avocado-Joghurt-Dip

ZUTATEN

FÜR DIE FALAFEL:

200 g grüne getrocknete Erbsen
1 Zwiebel
1 Knoblauchzehe
1 gestrichener TL
    gemahlener Kreuzkümmel
1 TL Garam Masala
1 Prise Zimtpulver
1 Prise Chilipulver oder
    Cayennepfeffer
Salz
1 EL Mehl
1 TL Backpulver

FÜR DEN DIP:

1 Zitrone
1 reife Avocado
125 g Alpro Soja-Joghurt-
    alternative Natur
Salz
Cayennepfeffer
1 TL Olivenöl

Öl zum Frittieren
1 Stange junger Staudensellerie
50 g Spinatsalat, gewaschen

ZUBEREITUNG

40 MINUTEN +
EINWEICHZEIT: ÜBER NACHT

1. Für die Falafel die grünen Erbsen über Nacht in Wasser einweichen. Dann das Wasser abgießen. Zwiebel sowie Knoblauch schälen und grob würfeln. Erbsen, Zwiebeln, Knoblauch, Kreuzkümmel, Garam Masala, Zimt, Chili, 1 Teelöffel Salz, Mehl, Backpulver und 100 ml Wasser in der Küchenmaschine oder mit dem Pürierstab mixen.

2. Die Zitrone halbieren und den Saft auspressen. Die Avocado halbieren, entkernen, schälen und das Fruchtfleisch grob würfeln. Zitronensaft, Avocado, Soja-Joghurtalternative, Salz, Cayennepfeffer und Olivenöl mit einem Pürierstab fein pürieren. Nochmals abschmecken, in eine Schüssel füllen und kühl stellen.

3. In einem Topf das Öl zum Frittieren auf 170 °C erhitzen. Die Falafelmasse zu ca. 20 kleinen Bouletten formen und im heißen Fett goldbraun ausbacken. Mit einem Schaumlöffel herausnehmen und auf Küchenpapier abtropfen lassen.

4. Zum Anrichten auf jede Falafel etwas Avocadocreme geben. Den Staudensellerie waschen, in feine Scheiben schneiden und auf die Avocadocreme streuen. Zum Schluss mit einem Holzspieß ca. 5 Spinatsalatblätter aufspießen und in die Falafel stecken.

TIPP: Braucht man nur eine halbe Avocado, den Kern nicht entfernen – dann wird die Avocado nicht so schnell braun.

230 kcal / 4,5 g Eiweiß / 16 g Fett / 6 g Kohlenhydrate
* LAKTOSEFREI * VEGETARISCH * VEGAN *

MEDITERRANER NUDELSALAT

mit Orangen-Tomaten-Creme

ZUTATEN FÜR 4 PORTIONEN

400 g Penne Rigate
Salz
1 Zucchini
3 Frühlingszwiebeln
100 g Kirschtomaten
1 Knoblauchzehe
100 g grüne Oliven, ohne Stein
150 ml Alpro Soja-Kochcrème
    Cuisine
100 ml Orangensaft
2 EL Tomatenmark
1 Msp. getrockneter Oregano
2 EL weißer Balsamicoessig
2 EL Olivenöl
frisch gemahlener Pfeffer
Zucker

1 kleines Bund Basilikum

ZUBEREITUNG 45 MINUTEN

1. Die Nudeln nach Packungsanweisung in reichlich Salzwasser al dente kochen, abgießen und ausdampfen lassen.

2. Zucchini waschen, vierteln und diagonal in dünne Scheiben schneiden. Frühlingszwiebeln putzen und in feine Ringe schneiden. Kirschtomaten waschen und halbieren. Knoblauch schälen und fein hacken. Oliven halbieren.

3. Soja-Kochcrème, Orangensaft, Tomatenmark, Knoblauch, Oregano, Balsamico und Olivenöl gut verrühren. Mit Salz, Pfeffer und Zucker abschmecken.

4. Nudeln, Zucchini, Frühlingszwiebeln, Kirschtomaten und Oliven in eine Schüssel geben und mit der Salatcreme vermischen. Basilikum waschen, trocken schütteln, Blättchen abzupfen und grob schneiden. Den Nudelsalat mit Basilikum garniert servieren.

TIPP. Wurde beim Nudelkochen zu wenig Kochwasser verwendet und die Nudeln während des Kochens nicht umgerührt, kleben sie nach dem Abgießen leicht aneinander. Tipp: Die Nudeln noch einmal in heißes Wasser geben und gut umrühren, damit sich die Nudeln trennen. Anschließend wieder abgießen.

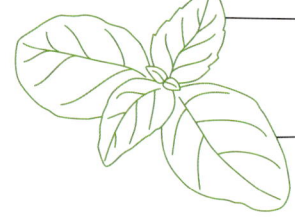

504 kcal / 14 g Eiweiß / 16 g Fett / 73 g Kohlenhydrate

* LAKTOSEFREI * VEGETARISCH * VEGAN *

Guten Appetit!

EIS

KIBA-SORBET

mit Popcorn

ZUTATEN FÜR 4 PORTIONEN

4 REIFE BANANEN
150 G TIEFGEFRORENE
   KIRSCHEN, OHNE KERNE
1 EL HONIG
250 G ALPRO SOJA-JOGHURT-
   ALTERNATIVE NATUR
4 EL POPCORN

ZUBEREITUNG 10 MINUTEN + GEFRIERZEIT: 2–3 STUNDEN

1. Die Bananen schälen, in Scheiben schneiden und mit den gefrorenen Kirschen, dem Honig und der Soja-Joghurt-alternative zu einer dicken, cremigen Eismasse pürieren.

2. Die Masse in eine gekühlte Schüssel geben und 2–3 Stunden ins Gefrierfach stellen. Dabei gelegentlich mit einer Gabel umrühren.

3. Das Sorbet mit einem Löffel in Eiswaffeln oder in kleine geeiste Gläser streichen, mit Popcorn bestreuen und servieren.

TIPP. Anstelle von Honig können Sie auch Ahornsirup verwenden. So wird das Eis vegan.

130 kcal / 4 g Eiweiß / 2 g Fett / 23 g Kohlenhydrate
* LAKTOSEFREI * VEGETARISCH *

FROZEN JOGHURT

mit Blaubeeren und Oreo-Keksen

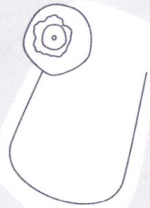

ZUTATEN FÜR 4 PORTIONEN

150 G FRISCHE BLAUBEEREN
500 G TIEFGEFRORENE
   BLAUBEEREN
500 G ALPRO SOJA-JOGHURT-
   ALTERNATIVE NATUR
4 EL AHORNSIRUP
1 HANDVOLL FRISCHE
   MINZEBLÄTTER
150 G OREO-KEKSE

ZUBEREITUNG 15 MINUTEN + GEFRIERZEIT: 2–3 STUNDEN

1. Die frischen Blaubeeren waschen und abtropfen lassen.

2. Die gefrorenen Blaubeeren, Soja-Joghurt-alternative, Ahornsirup und Minzeblätter zu einer glatten Creme pürieren. Die Masse in eine gekühlte Schüssel geben und 2–3 Stunden ins Gefrierfach stellen. Gelegentlich mit einer Gabel umrühren.

3. Die Oreo-Kekse leicht zerbröseln. Das Eis in geeiste Gläser geben und mit frischen Blaubeeren und Keksbröseln garnieren.

251 kcal / 4 g Eiweiß / 9 g Fett / 38 g Kohlenhydrate

* LAKTOSEFREI * VEGETARISCH * VEGAN *

Pfirsich-Ingwer-FROZEN-JOGHURT

ZUTATEN FÜR 4 PORTIONEN

500 g Pfirsiche (aus der Dose) · 500 g Alpro Soja-Joghurtalternative Pfirsich · 4 EL Ahornsirup · 1 EL frisch geriebener Ingwer · 1 Handvoll Zitronenmelisseblätter · 2 reife Pfirsiche

ZUBEREITUNG 15 MINUTEN + KÜHLZEIT: 2–3 STUNDEN

1. Pfirsiche aus der Dose abgießen. Pfirsiche, Soja-Joghurtalternative, Ahornsirup, Ingwer und die Hälfte der Zitronenmelisseblätter zu einer glatten Creme pürieren.

2. Die Masse in eine gekühlte Schüssel geben und 2–3 Stunden ins Gefrierfach stellen. Gelegentlich mit einer Gabel umrühren.

3. Frische Pfirsiche waschen, halbieren, Kerne entfernen und das Fruchtfleisch in Spalten schneiden. Das Eis in geeiste Gläser oder Becher geben und mit den Pfirsichspalten und der restlichen Zitronenmelisse garnieren.

207 kcal / 5 g Eiweiß / 3 g Fett / 39 g Kohlenhydrate
* LAKTOSEFREI * VEGETARISCH * VEGAN *

ORANGEN-PASSIONSFRUCHT-EIS
am Stiel

ZUTATEN FÜR 4 PORTIONEN

*2 Passionsfrüchte · 250 ml Orangensaft · 100 g Zucker ·
125 ml Alpro Kokosnussdrink Original · 20 g Speisestärke ·
2 EL Granatapfelkerne · Eis-am-Stiel-Förmchen*

ZUBEREITUNG 15 MINUTEN + KÜHLZEIT: 6 STUNDEN

1. Die Passionsfrüchte halbieren und das Mark sowie Kerne mit einem Löffel auskratzen. Kerne entfernen.

2. Orangensaft, Zucker, Kokosnussdrink und Passionsfruchtmark in einem Topf erhitzen. Die Stärke mit etwas kaltem Wasser verrühren und die Passionsfruchtmischung damit binden. Die Masse vollständig auskühlen lassen, dann die Granatapfelkerne unterrühren.

3. Alles in Eis-am-Stiel-Förmchen füllen und für mindestens 6 Stunden in den Gefrierschrank stellen.

4. Vor dem Servieren die Förmchen kurz unter heißes Wasser halten, damit sich das Eis besser löst.

166 kcal / 1 g Eiweiß / 1 g Fett / 38 g Kohlenhydrate
* LAKTOSEFREI * VEGETARISCH * VEGAN *

LEICHTES SOMMERDINNER

TIPP

Ananas reift nicht nach, sie sollte schon beim Einkauf angenehm duften und die Blätter sollten sich mühelos aus dem Schopf lösen lassen.

THAI-CHICKEN-BURGER

mit gegrillter Ananas und Kokos-Chili-Dip

ZUTATEN FÜR 4 PORTIONEN

FÜR DIE BURGER:

2 Hühnerbrustfilets (ca. 400 g)
60 g Alpro Soja-Joghurt-
  alternative Natur
1 TL rote Thai-Currypaste
2 Frühlingszwiebeln,
  in feine Ringe geschnitten
1 kleines Ei
3 EL Kokosflocken
Salz
½ Ananas, geschält und in
  Ringe geschnitten
4 EL Öl
8 kleine oder
  4 große Burgerbrötchen
2 Pak Choi (asiatischer Kohl),
  grob gehackt

FÜR DEN KOKOS-CHILI-DIP:

½ rote Peperoni
150 g Alpro Soja-Joghurtalternative
  Natur mit Kokosnuss
Salz
Saft von 1 Limette

ZUBEREITUNG 50 MINUTEN

1. Die Hühnerbrustfilets mit dem Messer fein hacken oder durch den Fleischwolf drehen. Mit Soja-Joghurtalternative, Currypaste, Frühlingszwiebeln, Ei und Kokosflocken vermengen. Mit Salz würzen. 10 Minuten kühl stellen, damit die Kokosflocken quellen können. Dann die Masse zu 4 großen oder 8 kleinen Burgern formen.

2. Für den Kokos-Chili-Dip die Peperoni fein hacken, nach Belieben die scharfen Samen vorher entfernen. Mit der Soja-Joghurtalternative mit Kokosnuss verrühren. Mit Salz und der Hälfte des Limettensafts abschmecken. Die Ananas in einer heißen Grillpfanne in 1 Esslöffel Öl von beiden Seiten grillen, dann beiseitestellen.

3. Die Burger ebenso in der heißen Grillpfanne im restlichen Öl von beiden Seiten grillen, bis sie gar, aber immer noch saftig sind.

4. Burgerbrötchen halbieren und alle Schnittflächen mit dem Kokos-Chili-Dip bestreichen. Die Burger auf die unteren Brötchenhälften legen. Die gegrillte Ananas darauf anrichten. Den Pak Choi mit restlichem Limettensaft und 1 Prise Salz marinieren. Auf den Burgern verteilen. Die oberen Hälften der Burgerbrötchen auflegen und servieren.

288 kcal / 16 g Eiweiß / 13 g Fett / 23 g Kohlenhydrate
* LAKTOSEFREI *

TORTIZZA BLANCHE

mit Kartoffeln, Rosmarin und Birne

ZUTATEN FÜR 4 PORTIONEN

200 ml Alpro Soja-Kochcrème Cuisine · ½ Knoblauchzehe, fein gehackt · Salz · frisch gemahlener Pfeffer · Speisestärke · 4 Weizen-tortillas · 400 g Kartoffeln, geschält und in hauchdünne Scheiben geschnitten · 2 große Birnen, in Spalten geschnitten · 2 Zweige Rosmarin, Nadeln gehackt · 3 EL Olivenöl · 1 Bund Basilikum

ZUBEREITUNG 10 MINUTEN + BACKZEIT: 10 MINUTEN

1. Die Alpro Soja-Kochcrème Cuisine mit dem Knoblauch in einen Topf geben, mit Salz sowie Pfeffer würzen und aufkochen. Mit ca. 1 Teelöffel Stärke binden, sodass die Creme die Konsistenz von Crème fraîche hat.

2. Den Backofen auf 180 °C vorheizen. Die Creme auf die Tortillas streichen. Mit den Kartoffelscheiben und den Birnen belegen, mit Rosmarin bestreuen und mit Olivenöl beträufeln. Die Tortizza 10 Minuten backen.

3. Basilikum waschen, trocken schütteln und Blätter grob schneiden. Die Tortizza aus dem Ofen nehmen und mit Basilikum bestreut servieren.

538 kcal / 4 g Eiweiß / 25 g Fett / 65 g Kohlenhydrate

* LAKTOSEFREI * VEGETARISCH * VEGAN *

SHRIMPS-LIMETTEN-SALAT

mit Mango

ZUTATEN FÜR 4 PORTIONEN

400 g Shrimps (in Lake) · 2 Limetten · 1 EL Fischsauce · 1 EL brauner Zucker · 1 rote Peperoni, gehackt · 1 Gurke · 1 Mango, Fruchtfleisch in Spalten geschnitten · 1 EL geschnittene Minzeblätter · 1 kleines Bund Koriander, Blätter abgezupft · 100 ml Alpro Soja-Kochcrème Cuisine · 3 EL geröstete Erdnüsse

ZUBEREITUNG CA. 20 MINUTEN

1. Die Shrimps abtropfen lassen. Die Limetten auspressen. Den Saft in einer Schüssel mit Fischsauce und braunem Zucker verrühren. Etwas gehackte Peperoni dazugeben. (Achtung: Die Kerne und die weiße Haut können sehr scharf sein; nach Belieben beides entfernen.) Die Gurke von Kernen befreien und das Fruchtfleisch mit einem Sparschäler in Streifen schneiden.

2. Alle Zutaten außer den Nüssen zu der Limettenmarinade geben und vermengen. Den Salat auf 4 Tellern anrichten. Mit den Erdnüssen bestreuen und servieren.

218 kcal / 18 g Eiweiß / 8 g Fett / 17 g Kohlenhydrate

* LAKTOSEFREI *

Mediterrane

LINGUINE

mit Süßkartoffeln

ZUTATEN FÜR 4 PORTIONEN

400 g Linguine
Salz
2 Zweige Rosmarin
1 Knoblauchzehe
4 EL Olivenöl
400 g Süßkartoffeln
frisch gemahlener Pfeffer
1 EL Speisestärke
250 ml Alpro Soja-Kochcrème
  Cuisine
4 EL dunkle Oliven (am besten
  ligurische), ohne Stein
1 kleines Bund Petersilie

553 kcal / 6 g Eiweiß
/ 38 g Fett / 42 g Kohlenhydrate

* LAKTOSEFREI *
* VEGETARISCH *
* VEGAN *

ZUBEREITUNG 40 MINUTEN

1. Die Linguine nach Packungsanweisung in reichlich Salzwasser al dente kochen. Durch ein Sieb abgießen, dabei 250 ml Kochwasser für die Sauce auffangen und beiseitestellen.

2. Rosmarinnadeln abzupfen und fein hacken. Knoblauchzehe schälen. Rosmarinnadeln, Knoblauch und Olivenöl pürieren.

3. Backofen auf 210 °C vorheizen. Süßkartoffeln schälen, waschen und fein würfeln. Mit Salz sowie Pfeffer würzen und mit dem Rosmarinöl marinieren. Die Süßkartoffeln auf ein Backblech geben und im Backofen 8 Minuten rösten.

4. Stärke mit etwas kaltem Wasser verrühren. In einem Topf das aufgefangene Kochwasser mit der Soja-Kochcrème aufkochen. Mit Salz und Pfeffer abschmecken und mit der angerührten Stärke binden. Pasta, Kartoffeln und zwei Drittel der Oliven zugeben und alles nochmals erhitzen. Pasta auf 4 Teller verteilen. Petersilie waschen, trocken schütteln und in Streifen schneiden. Mit den restlichen Oliven über der Pasta verteilen und servieren.

TIPP. Die Farbe der Oliven ist keine Frage der Sorte: Sie färben sich mit zunehmender Reife von Grün über Violett zu Schwarz.

Kokos-Zitronengras-Sud mit

HÄHNCHEN-WAN-TAN

ZUTATEN FÜR 4 PORTIONEN

FÜR DIE WAN-TAN-TASCHEN:

300 g Geflügelhackfleisch
3 EL Hoisinsauce (scharf-süßliche
   chinesische Würzsauce)
1 Bund Koriander,
   die Hälfte der Blätter gehackt
20 Wan-Tan-Blätter
1 Ei, verquirlt

FÜR DEN ZITRONENGRASSUD:

4 Tassen Hühnerbrühe
3 Scheiben Ingwer, geschält
4 Stangen Zitronengras, mit dem
   Messerrücken angeschlagen
100 ml Alpro Kokosnussdrink
   Original
2 EL Sojasauce

2 Frühlingszwiebeln

ZUBEREITUNG 30 MINUTEN

1. Das Geflügelhackfleisch mit der Hoisinsauce und den gehackten Korianderblättern mischen.

2. Von der Mischung 1 Esslöffel in die Mitte jedes Wan-Tan-Blattes geben. Die Ränder mit Ei bestreichen und zusammendrücken.

3. Für den Sud die Hühnerbrühe, Ingwer, Zitronengras, Kokosnussdrink und Sojasauce in einem Topf aufkochen, dann 10 Minuten köcheln. Ingwer und Zitronengras aus dem Fond entfernen. Die Wan Tan im Sud 2 Minuten garziehen lassen. Frühlingszwiebeln in feine Ringe schneiden.

4. Die Wan Tan auf 4 Schalen verteilen und den Sud darübergießen. Mit restlichem Koriander und den Frühlingszwiebeln garniert servieren.

274 kcal / 8 g Eiweiß / 11 g Fett / 15 g Kohlenhydrate

* LAKTOSEFREI *

TIPP

*Zitronengras harmoniert wunderbar mit
Knoblauch, Zwiebeln, Chilis und Koriandergrün.*

DEKOTIPPS

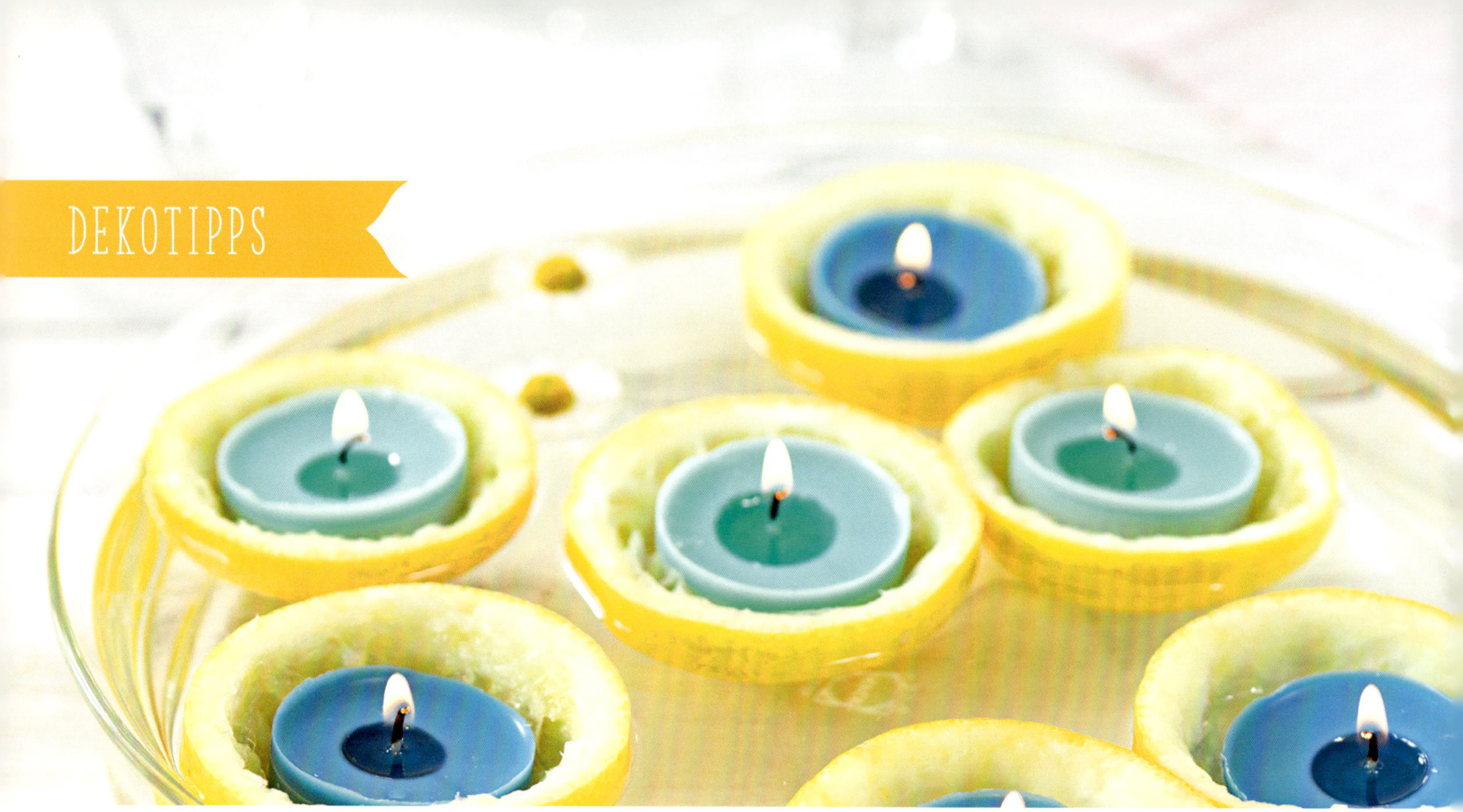

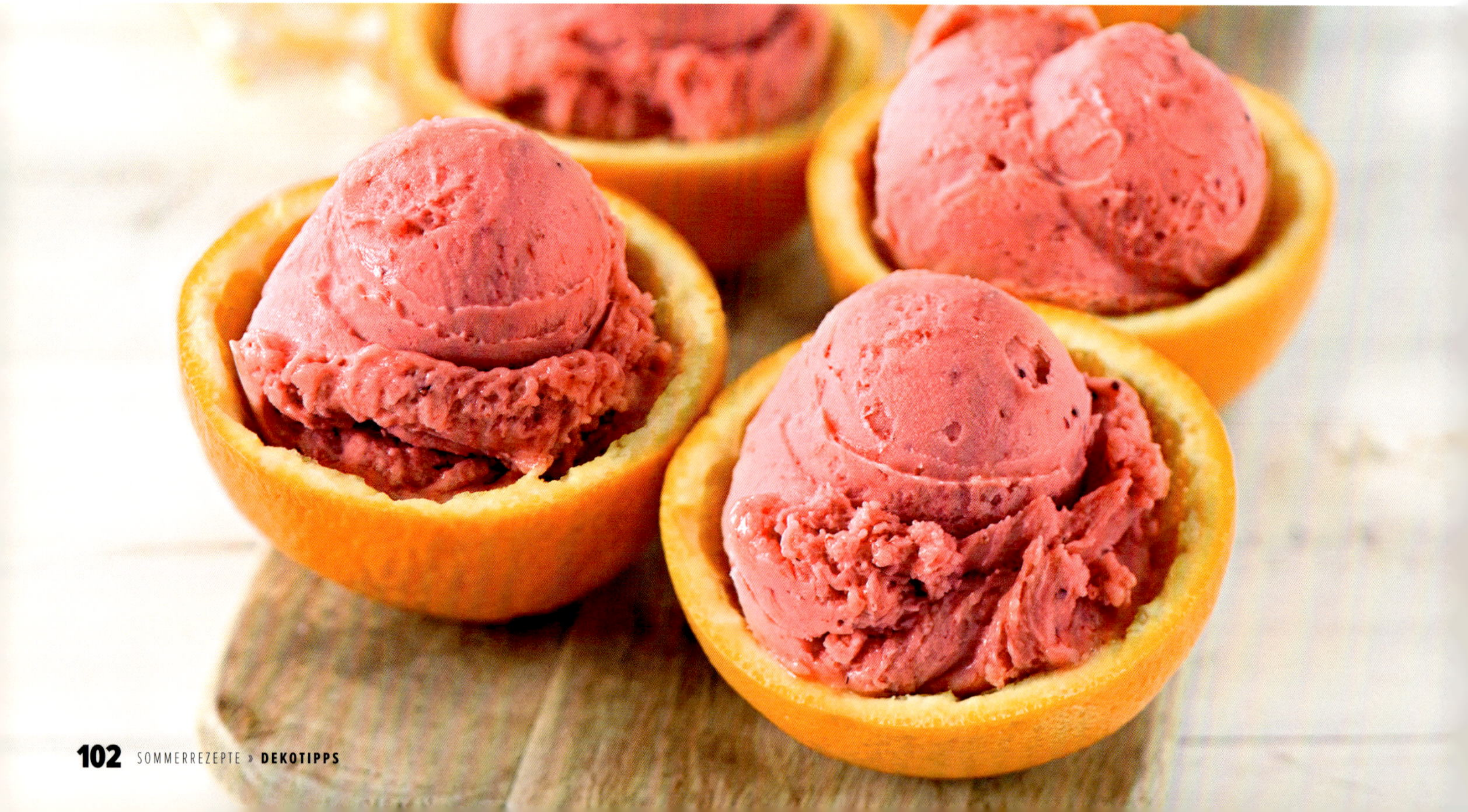

Leuchtende SCHWIMMKERZEN

AB SOFORT WANDERN ZITRONENSCHALEN NACH DEM AUSPRESSEN NICHT MEHR EINFACH IN DEN MÜLLEIMER, SIE LASSEN SICH NOCH FÜR EINE LEUCHTENDE SOMMERDEKO EINSETZEN.

Das obere Drittel der Zitronen abschneiden, die Zitronen auspressen und je ein Teelicht hineinsetzen. Eine Schale mit Wasser füllen und die Zitronenschalen mit Kerzen hineingeben. Kleine Blüten, beispielsweise Gänseblümchen, machen sich auch gut neben den Schwimmkerzen. Perfekt für einen lauen Sommerabend.

FRUCHTIGE EISBECHER

GERADE EINEN FRISCHEN ORANGENSAFT ZUBEREITET? DANN DIE ORANGENSCHALEN NICHT WEGWERFEN, SIE SIND PERFEKT ALS FRUCHTIGE EISBECHER.

Einfach das restliche Fruchtfleisch aus den Orangenhälften schaben, mit einem Eislöffel schöne Kugeln von der Eiscreme abstechen und in den Orangenschalen anrichten.

TIPP: Leckere Eisrezepte gibt es ab Seite 88.

HERBST-
REZEPTE

HASELNUSS-PORRIDGE

mit Bananen-Passionsfrucht-Salat

ZUTATEN

100 G HAFERFLOCKEN ·
1 MSP. ZIMTPULVER · 150 ML ALPRO
HASELNUSSDRINK ORIGINAL · 3 REIFE BANANEN ·
2 PASSIONSFRÜCHTE · 1 EL AHORNSIRUP ODER
HONIG · 2 EL HASELNÜSSE · 4 EL ALPRO SOJA-
JOGHURTALTERNATIVE NATUR

········ FÜR 4 PORTIONEN ········

ZUBEREITUNG
20 MINUTEN

1. Haferflocken in einer Pfanne ohne Öl bei niedriger Hitze 4–5 Minuten rösten. 500 ml Wasser und Zimt zufügen, einmal aufkochen, dann ca. 15 Minuten leicht köcheln lassen.

2. Porridge vom Herd nehmen, leicht abkühlen lassen und den Haselnussdrink einrühren. Anschließend komplett auskühlen lassen.

3. Die Bananen schälen, längs vierteln und in Stückchen schneiden. Die Passionsfrüchte halbieren, die Kerne und das Fruchtmark herauslöffeln. Das Fruchtmark mit dem Ahornsirup bzw. Honig und den Bananen vermischen. Die Haselnüsse grob hacken und in einer Pfanne ohne Öl kurz anrösten.

4. Die Bananen in 4 Gläsern anrichten und den Porridge darauf verteilen. Mit 1 Esslöffel Soja-Joghurtalternative und den gerösteten Haselnüssen toppen.

229 kcal / 6 g Eiweiß / 6 g Fett / 34 g Kohlenhydrate

· LAKTOSEFREI · VEGETARISCH · VEGAN ·

Warmes
FRÜHSTÜCKS-MANDEL-COUSCOUS
mit Cranberrys und Datteln

ZUTATEN FÜR 4 PORTIONEN

*200 ml Orangensaft · 2 EL Honig oder brauner Zucker · 1 Prise Salz ·
2 EL Öl · 20 g getrocknete Cranberrys · 200 g Couscous · 500 ml
Alpro Mandeldrink Original · 7 getrocknete Datteln · 50 g Mandeln*

ZUBEREITUNG 40 MINUTEN

1. Den Orangensaft mit Honig bzw. Zucker, Salz, Öl und Cranberrys in einem Topf zum Kochen bringen. Wenn der Saft kocht, den Topf vom Herd nehmen, den Couscous einrühren und 30 Minuten zugedeckt quellen lassen.

2. Deckel abnehmen und den Couscous mit einer Gabel leicht auflockern.

3. Den Mandeldrink erwärmen und dabei mit einem Schneebesen leicht aufschäumen. Den warmen Mandeldrink unter den Couscous rühren.

4. Die Datteln entkernen und in kleine Stücke schneiden. Mandeln grob zerkleinern und in einer Pfanne ohne Öl leicht rösten. Datteln und Mandeln unter den Couscous heben. In kleinen tiefen Tellern oder Schalen anrichten.

395 kcal / 9 g Eiweiß / 11 g Fett / 66 g Kohlenhydrate
* LAKTOSEFREI * VEGETARISCH * VEGAN *

VOLLKORN-FRÜHSTÜCKSKEKSE

mit Cranberrys

ZUTATEN FÜR 12 KEKSE

50 g Datteln · 250 g Haferflocken · 250 g Dinkelmehl · 50 g Kokosraspel · 240 g Sonnenblumenkerne · 100 g getrocknete Cranberrys · 30 g heller Sesam · 1 gestr. TL Salz · 1 Prise Zimtpulver · 100 ml Soja- oder Sonnenblumenöl · 110 g Honig · 120 ml Alpro Mandeldrink Original

ZUBEREITUNG 20 MINUTEN + BACKZEIT: 20 MINUTEN

1. Die Datteln entkernen und grob hacken.

2. Alle anderen Zutaten mit 3 Esslöffeln Wasser in eine große Schüssel geben. Die Datteln dazugeben. Alles mit der Hand vorsichtig vermengen, bis eine homogene Masse entsteht.

3. Die Masse in 12 Portionen auf ein mit Backpapier ausgelegtes Blech geben und zu Keksen formen.

4. Bei 160–170 °C ca. 20 Minuten backen.

447 kcal / 11 g Eiweiß / 23 g Fett / 46 g Kohlenhydrate

* LAKTOSEFREI * VEGETARISCH *

KNUSPRIGES NUSSMÜSLI

ZUTATEN FÜR 4 PORTIONEN

FÜR DIE GRANOLA:
2 EL Öl
2 EL Honig oder Ahornsirup
½ TL Zimtpulver
6 EL kernige Haferflocken

FÜR DAS MÜSLI:
8 EL (200 g) zarte Haferflocken
8 EL (200 g) Dinkelflocken
6 EL Studentenfutter
   (Mandeln, Cashewkerne,
   Erdnüsse, Haselnüsse, Rosinen)
1–2 rote Äpfel
6 getrocknete Datteln
600 ml Alpro Haferdrink Original

ZUBEREITUNG 10 MINUTEN + BACKZEIT: 30 MINUTEN

1. Für die Granola Öl mit Honig und Zimt verrühren und mit den kernigen Haferflocken vermengen. Backofen auf 160 °C vorheizen.

2. Die Mischung auf einem mit Backpapier ausgelegten Backblech verteilen und 30 Minuten backen. Während des Backens immer wieder wenden, sonst verbrennt die Granola. Anschließend herausnehmen, abkühlen lassen und grob zerkleinern.

3. Für das Müsli die Hafer- und Dinkelflocken mit dem Studentenfutter vermischen und auf 4 Schüsseln verteilen.

4. Die Äpfel waschen, Kerngehäuse entfernen, in Spalten schneiden. Die Datteln entkernen und klein würfeln. Datteln und Granola über das Nussmüsli streuen und mit Apfelspalten garnieren. Zum Schluss den Haferdrink leicht erwärmen, mit einem Schneebesen oder einem Milchaufschäumer kurz aufschäumen und über das Frühstücksmüsli geben.

TIPP: Anstelle von Honig kann man auch Ahornsirup verwenden. Alternativ schmeckt auch eine fertige Nussmüslimischung zur Granola.

620 kcal / 17 g Eiweiß / 15 g Fett / 80 g Kohlenhydrate
* LAKTOSEFREI * VEGETARISCH * VEGAN *

Guten Morgen!

MANDEL-HIMBEER-PANCAKES

ZUTATEN FÜR 4 PORTIONEN

150 g Mehl
1 gestr. EL Backpulver
1 Prise Salz
250 ml Alpro Mandeldrink
  Original
2 EL Alpro Soja-Joghurt-
  alternative Natur
1 Ei
2 EL Öl
150 g Mandeln
70 g weiße Schokolade
200 g frische oder
  tiefgekühlte Himbeeren
2 EL Sonnenblumenöl
50 ml Ahornsirup

620 kcal / 17 g Eiweiß /
15 g Fett / 80 g Kohlenhydrate

* LAKTOSEFREI *
* VEGETARISCH * VEGAN *

ZUBEREITUNG 20 MINUTEN

1. Mehl, Backpulver und Salz mit Mandeldrink, Soja-Joghurt-alternative, Ei und Öl zu einem glatten Teig verrühren.

2. Mandeln grob hacken und in einer beschichteten Pfanne ohne Fett rösten. Zwei Drittel der Schokolade grob hacken. Restliche Schokolade raspeln und für die Dekoration beiseitestellen. Mandeln, die gehackte Schokolade und die Hälfte der Himbeeren unter den Teig rühren.

3. In einer beschichteten Pfanne das Sonnenblumenöl erhitzen. Den Teig mit einem Esslöffel in die Pfanne geben und bei mittlerer Hitze backen, bis sich an der oberen Seite Blasen bilden. Dann mit einem Pfannenwender wenden und die andere Seite genauso hellbraun backen. Den gesamten Teig so verarbeiten.

4. Pancakes auf 4 Tellern anrichten, mit Ahornsirup beträufeln und mit den restlichen Himbeeren und der geraspelten Schokolade servieren.

TIPP: Frische Himbeeren sind sehr empfindlich, daher nur bei starker Verschmutzung waschen. Verdorbene Beeren sofort aussortieren.

TOMATENCREMESUPPE

mit Pancetta

ZUTATEN FÜR 4 PORTIONEN

FÜR DIE BROTWÜRFEL:

250 g Sauerteigbrot
1 Knoblauchzehe
1 großer Zweig Rosmarin
Olivenöl

FÜR DIE TOMATENCREMESUPPE:

750 g reife Tomaten
1 Zwiebel
½ rote Peperoni
100 g Pancetta (italienischer
* Bauchspeck), in Scheiben*
1 EL Olivenöl
Salz, frisch gemahlener Pfeffer,
Zucker
200 ml Geflügelbrühe
150 ml Alpro Soja-Kochcrème Cuisine

1 Bund Basilikum

ZUBEREITUNG CA. 35 MINUTEN + BACKZEIT: 15 MINUTEN

1. Für die Brotwürfel Brot in Scheiben schneiden und in unregelmäßige kleine Stücke zupfen. Knoblauch schälen und hacken. Rosmarin waschen, trocken schütteln, Nadeln abzupfen und hacken. Backofen auf 180 °C vorheizen. Brotstücke auf einem mit Backpapier belegten Backblech verteilen. Rosmarin und Knoblauch mischen und über die Brotwürfel streuen. Mit etwas Olivenöl beträufeln. Auf der mittleren Schiene ca. 15 Minuten im Ofen rösten, dann herausnehmen.

2. Für die Tomatensuppe die Stielansätze der Tomaten herausschneiden. Tomaten kreuzweise einschneiden, mit kochendem Wasser übergießen und häuten. Fruchtfleisch grob hacken. Zwiebel schälen und würfeln. Peperoni fein hacken, nach Belieben die scharfen Samen entfernen. Pancetta in Streifen schneiden.

3. In einem Topf 1 Esslöffel Olivenöl erhitzen. Panchetta darin kräftig anbraten. Zwiebelwürfel und Peperoni mitbraten. Die gehackten Tomaten dazugeben. Mit Salz, Pfeffer und Zucker würzen und mit Brühe ablöschen.

4. Die Tomatensuppe 10 Minuten köcheln lassen. Soja-Kochcrème unterrühren, nochmals 5 Minuten köcheln und abschmecken. Basilikum waschen, trocken schütteln und Blättchen abzupfen. Tomatensuppe mit Brotwürfeln und reichlich Basilikum anrichten und servieren.

381 kcal / 15 g Eiweiß / 21 g Fett / 30 g Kohlenhydrate
* LAKTOSEFREI *

BIRNEN-MÖHREN-SUPPE

mit Räucherforelle

FÜR 4 PORTIONEN

ZUTATEN

1 GEMÜSEZWIEBEL

400 G GELBE MÖHREN

3 EL OLIVENÖL

1 TL KURKUMA

200 ML BIRNENSAFT

1 L GEMÜSEBRÜHE

1 REIFE BIRNE

SALZ, ZUCKER

100 G HASELNUSSKERNE

100 G GERÄUCHERTES
FORELLENFILET

EINIGE STÄNGEL KRAUSE
PETERSILIE

250 ML ALPRO SOJA-
KOCHCRÈME CUISINE

FRISCH GEMAHLENER PFEFFER

ZUBEREITUNG CA. 50 MINUTEN

1. Zwiebel schälen und in feine Würfel schneiden. Möhren schälen, waschen und grob würfeln. Öl in einem Topf erhitzen und die Zwiebel darin anschwitzen. Möhren dazugeben und 5 Minuten mitschwitzen. Kurkuma einrühren. Die Möhren mit Birnensaft ablöschen. Die Brühe dazugießen, aufkochen. Alles ca. 30 Minuten köcheln, bis die Möhren weich sind.

2. Birne vierteln, Kerngehäuse entfernen und das Fruchtfleisch in 1 x 1 cm große Würfel schneiden. Die Birnenwürfel leicht mit Salz und Zucker würzen. Dadurch tritt etwas Saft aus der Birne aus, sie wird so weicher und schmeckt intensiver.

3. Die Haselnusskerne in einer beschichteten Pfanne ohne Öl kurz anrösten und anschließend grob hacken. Die Forellenfilets in Stücke schneiden. Petersilie waschen, trocken tupfen und grob hacken.

4. Zu den weich gekochten Möhren die Soja-Kochcrème in die Suppe einrühren. Die Suppe mit dem Stabmixer pürieren. Mit Salz und Pfeffer abschmecken und in tiefen Tellern anrichten. Birnenwürfel, Haselnüsse und Forellenstücke darübergeben und mit Petersilie garnieren.

602 kcal / 12 g Eiweiß / 51 g Fett / 19 g Kohlenhydrate

* LAKTOSEFREI *

Kurkuma verleiht der Suppe nicht nur eine schöne Farbe, sondern auch eine milde Würze.

ITALIENISCHER BOHNENEINTOPF

ZUTATEN FÜR 4 PORTIONEN

180 g getrocknete weiße Bohnen
1 Zwiebel
2 Knoblauchzehen
10 Scheiben Pancetta (italienischer
    Bauchspeck), ohne Schwarte
1 kleines Bund Majoran
6 EL Olivenöl
1,5 l Gemüsebrühe
250 ml Alpro Soja-Koch-
    crème Cuisine
150 g Gnocchetti Sardi
    (kleine, kurze Suppenpasta)
1 unbehandelte Zitrone
Salz

ZUBEREITUNG 40 MINUTEN + EINWEICHZEIT: 12 STUNDEN + GARZEIT: 2 STUNDEN

1. Die Bohnen über Nacht mindestens 12 Stunden in reichlich kaltem Wasser einweichen. Zwiebel sowie Knoblauch schälen und grob würfeln. Pancetta in breite Streifen schneiden. Majoran waschen, trocken schütteln, Blätter abzupfen und grob hacken.

2. Olivenöl in einem Topf erhitzen. Zwiebel, Knoblauch und die Hälfte der Pancetta darin anschwitzen. Die Bohnen abtropfen lassen und dazugeben. Die Brühe angießen und die Hälfte des Majorans hinzufügen. Alles aufkochen und ca. 2 Stunden bei leicht geöffnetem Deckel köcheln lassen.

3. Wenn die Bohnen gar sind, die Hälfte davon mit der Soja-Kochcrème in einem Mixer glatt pürieren. Das Püree wieder in den Topf geben, durchrühren. Die Pasta hinzufügen und 10 Minuten mitkochen. Die Zitrone heiß waschen, abtrocknen, Schale abreiben und Saft auspressen. Zitronenschale und 4 Esslöffel Zitronensaft in den Eintopf rühren.

4. In der Zwischenzeit restliche Pancetta in einer Pfanne kross anbraten. Den Eintopf mit Salz sowie Zitronensaft abschmecken und in 4 tiefen Tellern oder Schalen anrichten. Mit Pancettastreifen und restlichem Majoran garnieren und mit etwas Olivenöl beträufelt servieren.

393 kcal / 19 g Eiweiß / 20 g Fett / 30 g Kohlenhydrate
* LAKTOSEFREI *

Vegetarier verzichten einfach auf die Pancetta.

ROTE-BETE-EINTOPF
mit Kalbstafelspitz

ZUTATEN FÜR 4 PORTIONEN

*500 g Rote Bete · 200 g Kartoffeln · 100 g Knollensellerie · 3 EL Öl ·
1 Zwiebel, gewürfelt · Salz · frisch gemahlener Pfeffer · Zucker · 50 ml
Weißweinessig · 1,2 l Kalbs-, Geflügel- oder Gemüsebrühe · 1 kleiner
Kalbstafelspitz (ca. 600 g) · 3 Lorbeerblätter · 200 ml Alpro Soja-
Kochcrème Cuisine · Speisestärke bei Bedarf · einige Stängel Dill*

ZUBEREITUNG 30 MINUTEN + GARZEIT: 40 MINUTEN

1. Rote Bete in schmale Spalten schneiden. Kartoffeln und Sellerie
schälen und in ca. 2 x 2 cm große Würfel schneiden. Das Öl in einem
Topf erhitzen und die Zwiebeln darin anschwitzen. Anschließend das
Gemüse dazugeben und ebenfalls mitschwitzen. Mit Salz, Pfeffer und
Zucker würzen, mit dem Essig ablöschen, dann die Brühe dazugießen.

2. Den Tafelspitz an der Unterseite von der Sehne befreien und mit
den Lorbeerblättern zum Gemüse geben. Aufkochen und alles ca.
30–40 Minuten köcheln lassen.

3. Den Tafelspitz herausnehmen und Soja-Kochcrème in den Eintopf
rühren. Den Eintopf nochmals abschmecken und bei Bedarf mit
etwas Stärke leicht binden.

4. Den Eintopf in tiefe Teller füllen. Den Tafelspitz aufschneiden und die
Scheiben darauf anrichten. Den Dill waschen, trocken schütteln, hacken oder grob zupfen und über den Eintopf streuen. Sofort servieren.

496 kcal / 36 g Eiweiß / 26 g Fett / 20 g Kohlenhydrate
* LAKTOSEFREI *

SÜSSKARTOFFEL-SHRIMPS-SUPPE

ZUTATEN FÜR 4 PORTIONEN

3 EL Olivenöl · 1 mittelgroße Zwiebel, gewürfelt · 2 Knoblauchzehen, gehackt · 1 rote Peperoni, gehackt, nach Belieben die scharfen Samen entfernt · 400 g Süßkartoffeln, gewürfelt · 800 ml Gemüsebrühe · 200 ml Alpro Soja-Kochcrème Cuisine · Salz · 100 g Garnelen, gegart und klein geschnitten · 2 Frühlingszwiebeln, in feine Ringe geschnitten

ZUBEREITUNG 40 MINUTEN

1. Das Öl in einem Topf erhitzen und die Zwiebeln darin anschwitzen. Knoblauch und Peperoni dazugeben und mitschwitzen. Süßkartoffeln und Brühe dazugeben und alles ca. 30 Minuten köcheln lassen. Wenn die Kartoffeln gar sind, Soja-Kochcrème dazugießen. Das Gemüse mit dem Stabmixer pürieren.

2. Die Suppe mit Salz abschmecken und mit Garnelen und Frühlingszwiebeln bestreut servieren.

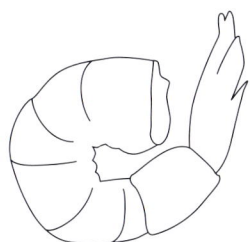

316 kcal / 7 g Eiweiß / 18 g Fett / 26 g Kohlenhydrate

* LAKTOSEFREI *

Deine Küche liebt Dich!

Mediterrane

WIRSING-BROT-SUPPE

ZUTATEN FÜR 4 PORTIONEN

600 g Wirsing
1 Zwiebel
2 Knoblauchzehen
6 EL Olivenöl
1 Msp. gehackte Kümmelsamen
1 Zweig Rosmarin,
    Nadeln abgezupft und gehackt
50 g Pinienkerne, geröstet
½ TL Paprikapulver
1 EL Tomatenmark
100 ml Weißwein
1 l Gemüsebrühe
300 g Ciabatta
1 Bund frisches Basilikum
250 ml Alpro Soja-
    Kochcrème Cuisine
Salz, frisch gemahlener Pfeffer

ZUBEREITUNG 20 MINUTEN + GARZEIT: 20 MINUTEN + BACKZEIT: CA. 8–10 MINUTEN

1. Vom Wirsing die äußeren Blätter entfernen. Wirsing halbieren und den keilförmigen Strunk herausschneiden. Wirsingblätter waschen, abtropfen lassen und in grobe Stücke schneiden.

2. Zwiebel sowie Knoblauch schälen und würfeln. In einem Topf 4 Esslöffel Öl erhitzen und Zwiebeln sowie Knoblauch darin hellbraun anschwitzen. Kümmel, Rosmarin, die Hälfte der Pinienkerne und Paprikapulver dazugeben und kurz mitschwitzen. Tomatenmark ebenfalls kurz anrösten, dann alles mit Weißwein ablöschen. Wirsing zu der Zwiebelmischung geben. Gemüsebrühe angießen und 20 Minuten köcheln lassen.

3. Backofen auf 190 °C vorheizen. Ciabatta in grobe Stücke schneiden, mit restlichem Olivenöl beträufeln und ca. 8–10 Minuten goldbraun rösten, dabei gelegentlich wenden.

4. Basilikum waschen und trocken schütteln. Die Blättchen von den Stielen zupfen und je nach Belieben grob schneiden oder ganz lassen. Die Soja-Kochcrème in die Suppe geben und nochmals aufkochen lassen. Mit Salz und Pfeffer abschmecken. Auf Teller verteilen und mit Brotwürfeln und Basilikum bestreut servieren.

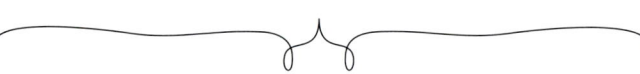

563 kcal / 17 g Eiweiß / 27 g Fett / 55 g Kohlenhydrate

* LAKTOSEFREI * VEGETARISCH * VEGAN *

TIPP

Ein Bund frischer Kräuter hält zwei- bis dreimal länger, wenn man die Stängel wie Blumen in ein Glas Wasser stellt, statt sie im Kühlschrank aufzubewahren. Aber nicht vergessen: Täglich das Wasser wechseln.

TEA-TIME

TIPP

*Die wachsartige, natürliche
Schutzschicht der Pflaumen
bewahrt sie vor dem
Austrocknen, sie sollte
erst vor der Verarbeitung
abgewaschen werden.*

PFLAUMENMUFFINS

mit Marzipan und Zimt

ZUTATEN FÜR 12 STÜCK

FÜR DAS PFLAUMENKOMPOTT:
700 g reife Pflaumen
1 Vanilleschote
60 g Zucker
1 Zimtstange

FÜR DEN MUFFINTEIG:
2 unbehandelte Orangen
500 g Mehl
1½ TL Backpulver
1 TL Zimtpulver
200 g Zucker
1 Prise Salz
120 g Marzipanrohmasse
110 g Butter oder Margarine
2 Eier (Größe M)
280 ml Alpro Sojadrink Original

Puderzucker zum Bestäuben

ZUBEREITUNG CA. 30 MINUTEN + BACKZEIT: INSGESAMT 45–55 MINUTEN

1. Den Backofen auf 170 °C vorheizen. Für das Kompott die Pflaumen waschen, entsteinen, vierteln und in ein tiefes Backblech geben. Vanilleschote längs aufschlitzen, das Mark herauskratzen. Vanillemark mit dem Zucker mischen und über die Pflaumen geben. Die Zimtstange dazulegen. Die Pflaumen 15–20 Minuten auf der mittleren Schiene backen. Aus dem Ofen nehmen und abkühlen lassen.

2. Ein Muffinblech mit Papierförmchen auslegen. Für den Teig Orangen heiß waschen, abtrocknen und die Schale dünn abreiben. Mehl, Backpulver, Zimt, Zucker, Salz und Orangenschale mischen. Die Marzipanrohmasse darüberreiben.

3. Butter oder Margarine schmelzen, dann etwas abkühlen lassen. Eier und Sojadrink einrühren. 80 g Pflaumenkompott untermischen. Mehlmischung dazugeben. Nur kurz unterheben, sodass die Zutaten gerade so vermischt sind. Das ist sehr wichtig, sonst gelingen die Muffins nicht.

4. Backofen auf 180 °C vorheizen. Teig in Häufchen in die Muffinförmchen geben und sofort ca. 30–35 Minuten backen. Muffins nach dem Backen auskühlen lassen. Kurz vor dem Servieren mit Puderzucker bestäuben und mit dem restlichen Pflaumenkompott servieren.

302 kcal / 3 g Eiweiß / 12 g Fett / 57 g Kohlenhydrate
* LAKTOSEFREI * VEGETARISCH *

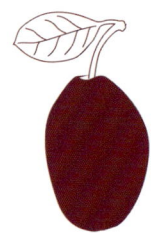
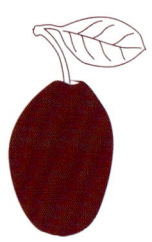

ZWETSCHGEN-MUG CAKE

ZUTATEN FÜR 4 PORTIONEN

250 g reife Pflaumen · 1 unbehandelte Zitrone · 2 EL Zucker · 150 g Alpro Soja-Joghurtalternative Natur · 100 g Mehl · 50 g Margarine · 50 g Zucker · ½ TL geriebener Ingwer · ½ TL Backpulver · 1 Ei · 80 ml Alpro Soja-Kochcrème Cuisine · 1 EL Puderzucker

ZUBEREITUNG CA. 25 MINUTEN + BACKZEIT: 10 MINUTEN

1. Pflaumen waschen, halbieren und Kerne entfernen. Die Zitrone heiß waschen, Schale abreiben und Saft auspressen. Die Pflaumen mit Zucker und Zitronensaft mischen. Die Soja-Joghurtalternative mit der Zitronenschale verrühren.

2. Die Pflaumen auf 4 ofenfeste Tassen oder Förmchen verteilen. Mehl, Margarine, Zucker, geriebenen Ingwer, Backpulver, Ei und Soja-Kochcrème mit dem Rührgerät gut verrühren. Die Mischung auf den Pflaumen verteilen.

3. Die Mug Cakes bei 180 °C im Backofen ca. 10 Minuten backen. Alternativ auf höchster Stufe 6–7 Minuten in der Mikrowelle erhitzen.

4. Die noch warmen Mug Cakes mit Puderzucker bestäuben und sofort mit der angerührten Joghurtalternative servieren.

265 kcal / 7 g Eiweiß / 11 g Fett / 35 g Kohlenhydrate

* LAKTOSEFREI * VEGETARISCH *

TEA CAKE
mit Blaubeercreme

ZUTATEN FÜR 10 STÜCKE

FÜR DEN TEA CAKE:
500 g Äpfel, gerieben · 130 g Zucker · 1 TL Kakaopulver · ½ TL Chai-Tee, gemahlen · 4–5 Tropfen Rumaroma · 100 g Haselnüsse, grob gehackt · 200 g gemischtes Dörrobst, grob gehackt · 300 g Mehl · 1 EL Backpulver

FÜR DIE BLAUBEERCREME:
2 EL tiefgefrorene Blaubeeren · 200 g Alpro Soja-Dessert Feine Vanille

ZUBEREITUNG 20 MINUTEN + BACKZEIT: 70 MINUTEN

1. Den Backofen auf 150 °C vorheizen. Für den Tea Cake alle Zutaten vermischen, in eine gefettete Kastenform füllen und 70 Minuten backen. Herausnehmen und abkühlen lassen.

2. Für die Blaubeercreme die Blaubeeren auftauen lassen und unter das Soja-Dessert rühren.

3. Vor dem Servieren die Kuchenscheiben toasten oder in etwas Öl in der Pfanne anbraten. So wird der Geschmack intensiver. Die Blaubeercreme zum Tea-Cake separat in einem Glas servieren.

447 kcal / 11 g Eiweiß / 23 g Fett / 46 g Kohlenhydrate
* LAKTOSEFREI * VEGETARISCH * VEGAN *

SCHOKOLADEN-MANDEL-BROWNIE

mit Mandelkrokant

ZUTATEN FÜR CA. 20 STÜCK

400 G ZARTBITTERSCHOKOLADE
250 G BUTTER
4 EIER
350 G ZUCKER
1 PÄCKCHEN VANILLEZUCKER
100 ML ALPRO MANDELDRINK ORIGINAL
350 G MEHL
3 TL BACKPULVER
100 G GEMAHLENE MANDELN
200 G MANDELSTIFTE
100 G MANDELBLÄTTCHEN

393 kcal / 8 g Eiweiß /
28 g Fett / 24 g Kohlenhydrate

* VEGETARISCH *

ZUBEREITUNG CA. 40 MINUTEN + BACKZEIT: 20 MINUTEN

1. Schokolade hacken. Butter in Stücke schneiden. Butter und 300 g Schokolade über einem warmen Wasserbad schmelzen, dann etwas abkühlen lassen.

2. Eier mit dem Rührgerät schaumig aufschlagen. 250 g Zucker, Vanillezucker und Mandeldrink nach und nach unterrühren. Mehl und Backpulver in einer Schüssel mischen. Die lauwarme Schokoladenmischung nach und nach vorsichtig unter die Eiermasse ziehen. Die Mehlmischung nach und nach unterheben. Alles kurz mit den Rührbesen des Handrührgerätes zu einem glatten Teig verrühren.

3. Backofen auf 175 °C vorheizen. Gemahlene Mandeln und 100 g Mandelstifte unter den Brownieteig ziehen. Eine Brownieform oder ein Backblech einfetten und mit etwas Mehl bestäuben oder mit Backpapier auslegen. Teig auf dem Backblech verteilen, glatt streichen und ca. 20 Minuten backen.

4. Restlichen Zucker in einer Pfanne karamellisieren. 100 g Mandelstifte und die Mandelblättchen unter den Karamell rühren. Den Mandelkrokant 5 Minuten vor Backende über den Brownies verteilen und 5 Minuten weiterbacken. Brownies auf einem Kuchengitter auskühlen lassen.

5. Restliche Schokolade über einem warmen Wasserbad schmelzen. Die flüssige Schokolade über den Krokant träufeln und fest werden lassen. Die Brownies mit einem scharfen Messer in Stücke schneiden und servieren.

Lecker bis zum letzten Krümel!

APFEL-ROTKOHL-GRATIN
mit Kartoffelkruste

ZUTATEN FÜR 4 PORTIONEN

FÜR DEN APFEL-ROTKOHL:
600 g Rotkohl, tiefgefroren
2 Äpfel
2 EL Zucker
100 ml Apfelsaft
100 ml Alpro Soja-Koch-
crème Cuisine

FÜR DIE KARTOFFELKRUSTE:
500 g Kartoffeln
Salz
150 ml Alpro Soja-Koch-
crème Cuisine
frisch gemahlener Pfeffer
frisch geriebene Muskatnuss
2 Eier

FÜR DIE BRÖSEL:
50 g Margarine
2 EL Paniermehl
Salz, Pfeffer
1 Prise Zimtpulver

1 EL frischer Oregano
zum Bestreuen

ZUBEREITUNG CA. 30 MINUTEN + BACKZEIT: 20 MINUTEN

1. Rotkohl auftauen lassen. Für die Kartoffelkruste die Kartoffeln waschen, schälen, halbieren und in Salzwasser gar kochen. Abgießen und anschließend durch eine Kartoffelpresse drücken oder zerstampfen. Dann kurz abkühlen lassen. Soja-Kochcrème, Salz, Pfeffer, 1 Prise Muskatnuss und die Eier unter das abgekühlte Kartoffelpüree rühren.

2. Für den Apfel-Rotkohl die Äpfel schälen, Kerngehäuse entfernen und Fruchtfleisch in Würfel schneiden. Zucker in einem Topf ohne Öl kurz karamellisieren. Äpfel dazugeben, kurz mitdünsten, dann mit Apfelsaft ablöschen. Soja-Kochcrème zugeben und kurz aufkochen lassen. Rotkohl dazugeben und erneut aufkochen. Die Mischung in eine Auflaufform geben.

3. Den Backofen auf 160 °C vorheizen. Den Apfel-Rotkohl mit dem Kartoffelpüree bedecken und ca. 20 Minuten backen, bis das Püree Farbe angenommen hat.

4. Für die Brösel die Margarine in einer Pfanne schmelzen und mit Paniermehl, etwas Salz, Pfeffer und Zimt verrühren. Das Apfel-Rotkohl-Gratin aus dem Ofen nehmen und mit Zimtbröseln und Oregano bestreut servieren.

438 kcal / 12 g Eiweiß / 20 g Fett / 48 g Kohlenhydrate

* LAKTOSEFREI * VEGETARISCH *

BOLOGNESE-LASAGNE

al forno

ZUTATEN FÜR 4 PORTIONEN

FÜR DIE BOLOGNESE:

2 Möhren
4 EL Olivenöl
500 g gemischtes Hackfleisch
1 Zwiebel, fein gewürfelt
2 Knoblauchzehen, fein gewürfelt
3 EL Tomatenmark
150 ml Rotwein
1 EL getrockneter Oregano
800 ml Gemüsebrühe
Salz, frisch gemahlener Pfeffer, Zucker
1 EL Speisestärke

FÜR DIE BÉCHAMELSAUCE:

40 ml Rapsöl
20 g Mehl
250 ml Alpro Soja-Kochcrème Cuisine
Salz, frisch gemahlener Pfeffer
frisch geriebene Muskatnuss

250 g Lasagneblätter
150 g junger Pecorino, grob gerieben

ZUBEREITUNG CA. 30 MINUTEN + GARZEIT: CA. 1 STUNDE + BACKZEIT: 30 MINUTEN

1. Möhren schälen, waschen und fein würfeln. Olivenöl in einem Topf erhitzen. Das Hackfleisch darin anbraten. Möhren dazugeben und mitbraten. Hackfleischmischung aus dem Topf nehmen und beiseitestellen. Zwiebel und Knoblauch im selben Topf anschwitzen. Tomatenmark dazugeben und kurz mitrösten. Mit Rotwein ablöschen, Oregano einstreuen und Gemüsebrühe dazugießen.

2. Das Hackfleisch wieder in die Sauce geben. Alles mit Salz, Pfeffer und Zucker würzen. Die Bolognese noch mal kurz aufkochen lassen, dann bei niedriger Hitze ca. 1 Stunde leicht köcheln. Die Stärke mit etwas kaltem Wasser verrühren, die Bolognese damit binden. Noch einmal aufkochen lassen und erneut abschmecken.

3. Für die Béchamelsauce das Öl in einem Topf leicht erhitzen. Das Mehl darin anschwitzen und die Soja-Kochcrème unter ständigem Rühren dazugießen. Die Sauce ca. 10 Minuten unter Rühren leicht köcheln lassen. Mit Salz, Pfeffer und 1 Prise Muskatnuss abschmecken.

4. In eine Auflaufform abwechselnd Lasagneplatten und Bolognese schichten, dabei mit Bolognese beginnen und mit Lasagneplatten abschließen. Die Béchamelsauce auf der obersten Lasagneschicht verteilen und mit Pecorino bestreuen. Die Lasagne bei 200 °C ca. 30 Minuten im Ofen backen, bis der Käse geschmolzen ist und die Lasagne etwas Farbe angenommen hat.

825 kcal / 44 g Eiweiß / 61 g Fett / 21 g Kohlenhydrate

TIPP

Das lange Köcheln intensiviert den Geschmack. Wenn es schnell gehen muss, einfach die Kochzeit verkürzen.

ROSENKOHL-SÜSSKARTOFFEL
-Auflauf

ZUTATEN FÜR 4 PORTIONEN

500 g Rosenkohl · 500 g Süßkartoffeln · 1 Zweig Rosmarin · 6 EL Oli-venöl · 1 Zwiebel, fein gewürfelt · 2 Knoblauchzehen, fein gewürfelt · 500 ml Alpro Soja-Kochcrème Cuisine · 1 EL Speisestärke · Salz · frisch gemahlener Pfeffer · 2 kleine Brötchen (vom Vortag)

ZUBEREITUNG CA. 20 MINUTEN +
GARZEIT: 20 MINUTEN

1. Rosenkohl putzen und halbieren. Süßkartoffeln schälen, waschen und in 3 x 3 cm große Würfel schneiden. Rosmarinnadeln fein hacken.

2. 3 Esslöffel Öl in einer Pfanne erhitzen. Zwiebeln und die Hälfte des Knoblauchs darin anschwitzen. Rosenkohl, Süßkartoffeln und die Hälfte des Rosmarins dazugeben, alles 4–5 Minuten anbraten. Soja-Kochcrème dazugießen und 2 Minuten kochen lassen. Stärke mit etwas kaltem Wasser verrühren und die Sauce damit binden. Kurz aufkochen lassen, mit Salz und Pfeffer abschmecken und in eine Auflaufform geben.

3. Die Brötchen grob zerkleinern und mit dem restlichen Knoblauch, Rosmarin, Olivenöl, etwas Salz und Pfeffer in einem Mörser oder in der Küchenmaschine zu groben Bröseln verarbeiten.

4. Backofen auf 155 °C vorheizen. Die Brösel über dem Gemüse ver-teilen und den Auflauf ca. 20 Minuten fertig garen.

620 kcal / 12 g Eiweiß / 30 g Fett / 71 g Kohlenhydrate

· LAKTOSEFREI · VEGETARISCH · VEGAN ·

TOPINAMBUR-GRATIN

ZUTATEN FÜR 4 PORTIONEN

600 g Topinambur · 400 g Kartoffeln · Salz · frisch gemahlener Pfeffer · frisch geriebene Muskatnuss · 1 EL Olivenöl · 400 ml Alpro Soja-Kochcrème Cuisine · 1 TL frisch gehackter Thymian · 1 Knoblauchzehe, fein gewürfelt

ZUBEREITUNG 20 MINUTEN + GARZEIT: 50 MINUTEN

1. Topinambur sowie Kartoffeln schälen und in dünne Scheiben schneiden. Leicht mit Salz, Pfeffer und Muskat würzen. Eine Gratinform mit Olivenöl einfetten und die Topinambur- und Kartoffelscheiben hineinlegen.

2. Soja-Kochcrème mit Salz, Pfeffer und Muskatnuss abschmecken. Nicht zu stark würzen, da die Creme beim Garen noch einkocht und dann schnell zu salzig wird. Thymian und Knoblauch einrühren.

3. Backofen auf 150 °C vorheizen. Die Sauce über die Topinambur- und Kartoffelscheiben gießen und das Gratin ca. 50 Minuten backen, bis das Gemüse gar ist.

4. Das Gratin in der noch heißen Form am Tisch servieren.

389 kcal / 8 g Eiweiß / 22 g Fett / 25 g Kohlenhydrate

* LAKTOSEFREI * VEGETARISCH * VEGAN *

FLAMMKUCHEN

ZUTATEN FÜR 4 FLAMMKUCHEN

FÜR DEN FLAMMKUCHENTEIG:

300 g Mehl (Type 550)
½ TL Salz
15 g frische Hefe
1 gehäufter TL Zucker
2 EL Olivenöl

FÜR DEN BELAG:

4 rote Zwiebeln
150 g durchwachsener Speck
120 g Rucola
150 ml Alpro Soja-
Kochcrème Cuisine
150 g Alpro Soja-Joghurt-
alternative Natur

Salz, frisch gemahlener Pfeffer

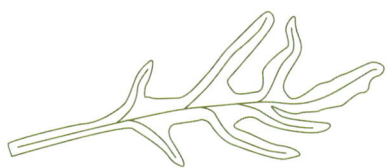

495 kcal / 19 g Eiweiß / 20 g Fett /
56 g Kohlenhydrate

* LAKTOSEFREI *

ZUBEREITUNG CA. 40 MINUTEN + GEHZEIT: 65 MINUTEN + BACKZEIT: 7–9 MINUTEN PRO FLAMMKUCHEN

1. Für den Teig Mehl und Salz in einer Schüssel mischen. Die Hefe zerbröckeln und in 120 ml lauwarmem Wasser auflösen. Zucker dazugeben und rühren, bis sich der Zucker gelöst hat. Die Hefemischung mit dem Öl zum Mehl geben und alles mit den Knethaken des Handrührgeräts verkneten. Den Teig zu einer Kugel formen und in einer Schüssel abgedeckt mindestens 45 Minuten gehen lassen.

2. Für den Belag die Zwiebeln schälen und in feine Ringe schneiden. Speck in 2 cm breite Streifen schneiden. Rucola putzen, waschen und in einer Salatschleuder trocken schleudern. Die Soja-Kochcrème mit der Soja-Joghurtalternative verrühren, mit Salz sowie Pfeffer abschmecken.

3. Den Teig in 4 Portionen teilen und auf einer leicht bemehlten Arbeitsfläche jeweils dünn ausrollen. Jeden Fladen auf jeweils 1 Stück Backpapier legen. Mit Frischhaltefolie abdecken. Die Teigfladen 5 Minuten ruhen lassen. Inzwischen den Backofen auf höchster Stufe vorheizen, dabei ein Backblech auf den Boden des Backofens schieben und mit vorheizen. Die Teigfladen nochmals ausrollen und wieder mit Frischhaltefolie abdecken. Diesen Vorgang ein weiteres Mal wiederholen.

4. Die Creme für den Belag auf die hauchdünnen Teigfladen streichen. Darauf die Speckwürfel und Zwiebelringe verteilen. Die Flammkuchen zum Backen auf das heiße Blech ziehen und nacheinander ca. 7–9 Minuten auf dem Backofenboden backen. Dabei den Flammkuchen immer wieder beobachten, er verbrennt recht schnell. Zum Servieren die Flammkuchen mit Salz sowie Pfeffer würzen und mit etwas Rucola garnieren.

Lecker!

MEDITERRANE GEMÜSETARTE

ZUTATEN FÜR 8 GROSSE STÜCKE

FÜR DEN MÜRBETEIG:

500 g Mehl
250 g Margarine
2 Eier
50 g Parmesan, gerieben
1 EL gehackte Thymianblättchen
   oder Rosmarinnadeln

FÜR DEN BELAG:

2 kleine Zwiebeln
1 Knoblauchzehe
1 Zucchini
1 rote Paprika
1 gelbe Paprika
1 kleine Aubergine
3 EL Olivenöl
Salz, frisch gemahlener Pfeffer
4 Eier
200 ml Alpro Soja-Koch-
   crème Cuisine
frisch geriebene Muskatnuss

einige Rosmarinzweige zum
   Garnieren

ZUBEREITUNG 30 MINUTEN + KÜHLZEIT: 30 MINUTEN + BACKZEIT: 25–30 MINUTEN

1. Für den Mürbeteig alle Zutaten mit 2 Esslöffeln kaltem Wasser in eine Schüssel geben und mit den Händen oder in der Küchenmaschine zu einem glatten Teig kneten. Den Teig nicht zu lange bearbeiten, sonst wird er „brandig" und hält beim Backen nicht mehr zusammen. Zu einer Kugel formen und ca. 30 Minuten in Frischhaltefolie gewickelt im Kühlschrank ruhen lassen.

2. Die Teigkugel 10 Minuten vor dem Ausrollen aus dem Kühlschrank nehmen. Den Backofen auf 170 °C vorheizen. Auf einer bemehlten Arbeitsfläche den Teig mit einem Nudelholz etwa 4 mm dick auf die Größe einer Tarteform (27 x 19 cm) ausrollen.

3. Die eingefettete Tarteform mit Teig auskleiden, dazu den Teig über das Nudelholz legen, und über der Form abrollen. Auch die Ränder mit Teig bedecken. Überstehenden Teig abschneiden. Den Teig in der Form festdrücken und den Boden mit einer Gabel einstechen, damit sich keine Blasen bilden. Anschließend noch mal kühl stellen.

4. Für den Belag Zwiebeln sowie Knoblauch schälen und würfeln. Zucchini, Paprika und Aubergine waschen, putzen und in 2 x 2 cm große Würfel schneiden. Öl in einer Pfanne erhitzen und Zwiebeln mit Knoblauch darin anschwitzen. Gemüse 5 Minuten mitschwitzen. Mit Salz und Pfeffer würzen, dann auf den Teig in der Form geben. Eier und Soja-Kochcrème verrühren. Mit Salz, Pfeffer sowie Muskat würzen und auf dem Gemüse verteilen. Die Tarte 25–30 Minuten backen. Aus dem Backofen nehmen und auskühlen lassen. Die Tarte in Stücke teilen, mit frischem Pfeffer übermahlen und mit Rosmarinzweigen garniert servieren.

541 kcal / 16 g Eiweiß / 29 g Fett / 49 g Kohlenhydrate
* LAKTOSEFREI * VEGETARISCH *

DESSERT

KOKOS-PANNA-COTTA

mit Zimtbeeren

ZUTATEN FÜR 4 PORTIONEN

FÜR DIE PANNA-COTTA:

1 Vanilleschote
500 ml Alpro Kokosnuss-
*   drink Original*
4 EL Zucker
1 EL Vanillezucker
4 Blatt Gelatine

FÜR DIE ZIMTBEEREN:

2 EL Zucker
200 ml Johannisbeersaft
1 Prise Zimtpulver
100 g Johannisbeeren
125 g Heidelbeeren
1 EL Speisestärke

ZUBEREITUNG 15 MINUTEN + KÜHLZEIT: 6 STUNDEN

1. Für die Panna Cotta die Vanilleschote längs halbieren und das Mark herauskratzen. Den Kokosnussdrink mit Vanillemark, 4 EL Zucker und Vanillezucker in einen Topf geben und aufkochen. Die Gelatine in kaltem Wasser einweichen, ausdrücken und in die warme Kokosmischung rühren.

2. Die warme Panna Cotta in einem Eiswasserbad oder in einem kalten Wasserbad mit einem Gummischaber kalt rühren. Wenn die Creme beginnt, fest zu werden, in Gläser oder Schalen füllen und für mindestens 6 Stunden in den Kühlschrank stellen.

3. Für die Zimtbeeren Zucker in einem Topf karamellisieren. Mit Johannisbeersaft ablöschen. Kurz aufkochen lassen, dann die Flüssigkeit etwas reduzieren. Zimt, Johannisbeeren und Heidelbeeren dazugeben. Die Stärke mit etwas kaltem Wasser anrühren, dann die Beerensauce damit leicht binden.

4. Zum Anrichten die Gläser oder Schalen mit der Panna Cotta kurz in heißes Wasser tauchen. Die Panna Cotta auf Teller stürzen. Die abgekühlten Zimtbeeren neben der Panna Cotta anrichten und servieren.

198 kcal / 3 g Eiweiß / 2 g Fett / 40 g Kohlenhydrate

* LAKTOSEFREI *

HIMBEERCREME

mit Pistazien

FÜR 4 PORTIONEN

ZUTATEN

5 BLATT GELATINE

1 ZITRONE

500 ML ALPRO SOJADRINK VANILLE

100 G HIMBEEREN, TIEFGEFROREN

100 G ZUCKER

2 EL PISTAZIENKERNE, GESCHÄLT UND GEHACKT

ZUBEREITUNG
CA. 30 MINUTEN + KÜHLZEIT: 1 STUNDE

1. Die Gelatine in kaltem Wasser einweichen. Die Zitrone halbieren und Saft auspressen. Den Sojadrink mit Himbeeren, Zucker und Zitronensaft mit einem Pürierstab oder in der Küchenmaschine mixen.

2. Die eingeweichte Gelatine ausdrücken und in einem Topf bei niedriger Hitze schmelzen.

3. Die Himbeermischung nach und nach zur Gelatine geben und in einer Schüssel auf Eiswasser (Wasser mit Eiswürfeln) kalt schlagen. Dadurch wird die Masse sehr luftig. Wenn die Creme beginnt, fest zu werden, in Gläser füllen und kalt werden lassen. Alternativ die gesamte Creme in eine große Schüssel geben und zum Servieren mit einem heißen Löffel Nocken abstechen.

4. Die Himbeercreme für mindestens 1 Stunde in den Kühlschrank stellen. Mit Pistazienkernen bestreut servieren.

170 kcal / 7 g Eiweiß / 4 g Fett / 26 g Kohlenhydrate

* LAKTOSEFREI *

SCHWARZWÄLDER-KIRSCH
—Schichtdessert

ZUTATEN
FÜR 4 PORTIONEN

1 KLEINES GLAS (360 G) SAUER-
KIRSCHEN · 3 EL ZUCKER · 1 PRISE
ZIMTPULVER · 1 EL SPEISESTÄRKE ·
1 VANILLESCHOTE · 350 G ALPRO
SOJA-JOGHURTALTERNATIVE
NATUR · 12 LÖFFELBISKUITS ·
100 G DUNKLE KUVERTÜRE ODER
FERTIGE SCHOKOLADENRASPEL ·
MELISSEBLÄTTCHEN ZUM
GARNIEREN

ZUBEREITUNG
15 MINUTEN

1. Die Kirschen abgießen, den Saft dabei auffangen. Saft in einem Topf mit Zucker und Zimt aufkochen. Stärke mit etwas Wasser anrühren und den Saft damit binden. Die Kirschen in die Kirschsauce geben und abkühlen lassen.

2. Die Vanilleschote längs halbieren und das Mark auskratzen. Das Vanillemark mit der Soja-Joghurtalternative verrühren.

3. Die Löffelbiskuits quer in Scheibchen schneiden. Mit einem Sparschäler oder einer Reibe Streifen von der Kuvertüre abschaben.

4. Kirschsauce, Vanillecreme und Löffelbiskuits gleichmäßig in Schichten auf 4 Whiskeytumbler oder hohe Glasschalen verteilen. Mit Schokoladenstreifen und Melisseblättchen garniert servieren.

390 kcal / 9 g Eiweiß / 5 g Fett / 73 g Kohlenhydrate
* LAKTOSEFREI * VEGETARISCH *

NAMENSSCHILDER

aus der Natur

ZUTATEN

Tannenzapfen,
   nach Anzahl der Gäste
kleine Kartonkärtchen
Goldfarbe
   (z. B. Acryl Metallic Farbe)
Pinsel
kleine Säge
nach Belieben
   Buchstabenstempel

ANLEITUNG

1. Die Tannenzapfen an der Spitze ca. 1 cm einsägen.

2. Die Spitzen der Tannenzapfen mit Goldfarbe bepinseln und gut trocknen lassen.

3. Die Kärtchen nach Belieben mit den Namen der Gäste bestempeln oder beschreiben und in die vorgesägten Kerben stecken.

TIPP: Wer beim Herbstspaziergang statt Tannenzapfen schönes Herbstlaub gefunden hat, kann dieses mit Goldfarbe einsprühen oder bepinseln, gut trocknen lassen und danach mit einem wasserfesten Stift beschreiben.

für die schönste Zeit im Jahr

WINTER-
REZEPTE

RAHMGESCHNETZELTES

Zürich-Style mit Ebly-Radieschen-Rösti

ZUTATEN FÜR 4 PORTIONEN

FÜR DAS RAHMGESCHNETZELTE:

2 rote Zwiebeln
400 g Hähnchenbrust
200 g Champignons
6 EL Öl
1 EL Mehl
100 ml Weißwein
200 ml Alpro Soja-Koch-
*   crème Cuisine*
200 ml Gemüsebrühe
Salz, frisch gemahlener Pfeffer
1 kleines Bund Petersilie

FÜR DIE EBLY-
RADIESCHEN-RÖSTI:

150 g Ebly-Weizen
Salz
10 Radieschen
2 EL Mehl
1 Ei
frisch gemahlener Pfeffer
Öl zum Braten

ZUBEREITUNG  CA. 40 MINUTEN

1. Zwiebeln schälen und in feine Würfel schneiden. Hähnchenbrust in Streifen schneiden. Champignons putzen und in Scheiben schneiden. Die Hälfte des Öls in einer Pfanne erhitzen und die Hühnerbrust darin anbraten. Das Fleisch herausnehmen und warm stellen.

2. In derselben Pfanne das restliche Öl erhitzen und die Zwiebeln darin glasig anschwitzen. Champignons dazugeben und kurz mitdünsten. Mit Mehl bestäuben, mit Wein ablöschen und mit Soja-Kochcrème und Gemüsebrühe aufgießen. Mit Salz und Pfeffer abschmecken. Die Sauce bei mittlerer Hitze sämig einkochen lassen.

3. Petersilie waschen und Blättchen grob hacken. Kurz vor dem Servieren das Fleisch und die Hälfte der Petersilie in die Sauce geben.

4. Für die Ebly-Radieschen-Rösti Ebly ca. 10 Minuten nach Packungsanweisung in Salzwasser garen. Durch ein Sieb abgießen, ausbreiten und abkühlen lassen. Radieschen waschen, putzen und in Stifte schneiden. Ebly in einer Schüssel mit Mehl, Ei, Radieschenstiften und der restlichen Petersilie vermischen. Mit Salz und Pfeffer würzen. In einer Pfanne etwas Öl erhitzen. Mit einem Esslöffel Portionen von der Ebly-Radieschen-Masse abstechen. In die Pfanne geben und zu runden Rösti formen. Von beiden Seiten leicht braun braten. Das Rahmgeschnetzelte auf Tellern anrichten und mit Rösti servieren.

514 kcal / 33 g Eiweiß / 23 g Fett / 34 g Kohlenhydrate
* LAKTOSEFREI *

PAPRIKAHÄHNCHEN

mit Spätzle

ZUTATEN FÜR 4 PORTIONEN

4 Hähnchenbrusthälften mit Flügel
Salz, frisch gemahlener Pfeffer
3 EL Öl
1 Zwiebel, gewürfelt
1 Knoblauchzehe, gewürfelt
1 Prise gehackter Kümmel
je 1 rote und gelbe Paprika,
  fein gewürfelt
1 EL edelsüßes Paprikapulver
1 EL Tomatenmark
abgeriebene Schale einer
  unbehandelten Zitrone
400 ml Geflügelbrühe
2 EL Alpro Soja-Joghurt-
  alternative Natur
1 EL Speisestärke

FÜR DIE SPÄTZLE:

300 g Mehl
3 Eier
100 ml Alpro Sojadrink Original
Salz, frisch gemahlener Pfeffer
frisch geriebene Muskatnuss
Öl zum Anbraten

gehackte Petersilie zum Garnieren

ZUBEREITUNG  50 MINUTEN

1. Die Hähnchenbrusthälften mit Salz und Pfeffer würzen. Öl in einer hohen Schmorpfanne erhitzen und die Hälften von beiden Seiten darin anbraten. Das Fleisch herausnehmen und in der gleichen Pfanne Zwiebel, Knoblauch, Kümmel und Paprikawürfel anbraten. Paprikapulver, Tomatenmark und etwas Zitronenschale dazugeben, kurz mitschwitzen. Das Fleisch wieder in die Pfanne geben, Geflügelbrühe dazugießen und alles ca. 20 Minuten köcheln lassen. Das Fleisch wieder aus dem Sud nehmen.

2. Die Soja-Joghurtalternative mit der Stärke verrühren und damit die Paprikasauce binden. Das Fleisch wieder in die Sauce legen.

3. Für die Spätzle Mehl mit Eiern und Sojadrink verrühren. Mit Salz, Pfeffer und Muskat würzen. Den Teig 5 Minuten mit einem Holzlöffel schlagen. Portionsweise durch ein Sieb oder einen Spätzlehobel in reichlich kochendes Wasser drücken und einmal aufkochen lassen.

4. Spätzle herausnehmen und etws abkühlen lassen. Die Spätzle in einer Pfanne in etwas Öl anbraten und mit dem Paprikahähnchen anrichten. Mit Petersilie garnieren und servieren.

915 kcal / 53 g Eiweiß / 44 g Fett / 61 g Kohlenhydrate

* LAKTOSEFREI *

Karamellisierter

APFELSCHMARRN

ZUTATEN FÜR 4 PORTIONEN

1 VANILLESCHOTE
3 EIER, GETRENNT
125 G ALPRO SOJA-JOGHURT
ALTERNATIVE CREMOSO
APFELSTRUDEL
100 G ZUCKER, MEHR ZUM
KARAMELLISIEREN
60 G MEHL
1 TL SPEISESTÄRKE
1 MSP. ZIMTPULVER
150 G ÄPFEL, GERIEBEN
1 EL MARGARINE, MEHR
ZUM FERTIGBACKEN
PUDERZUCKER ZUM
BESTÄUBEN

ZUBEREITUNG 30 MINUTEN

1. Für den Teig das Mark aus der Vanilleschote kratzen. Die Eiweiße zu steifem Schnee schlagen. Das Vanillemark mit Soja-Joghurtalternative, Zucker, Mehl, Stärke, Zimt und den Eigelben verrühren. Geriebene Äpfel dazugeben und den Eischnee unterheben.

2. Die Margarine in einer Pfanne aufschäumen lassen. Den Teig hineingeben und bei niedriger Hitze anbacken lassen. Den Schmarrn wenden und die andere Seite backen oder 5 Minuten bei 180 °C in den Backofen stellen.

3. Den Apfelschmarrn mit 2 Gabeln in der Pfanne zerreißen und unter öfterem Wenden in der Pfanne fertigbacken. Nach Belieben mit etwas Zucker und Margarine in der Pfanne karamellisieren.

4. Den Apfelschmarrn herausnehmen und anrichten. Mit Puderzucker bestäuben und servieren.

295 kcal / 8 g Eiweiß / 8 g Fett / 44 g Kohlenhydrate
* LAKTOSEFREI * VEGETARISCH *

TOPFENKNÖDEL

mit Hollerröster

ZUTATEN FÜR 4 PORTIONEN

FÜR DIE KNÖDEL:

200 g Alpro Soja-Joghurtalternative
Natur
50 g Zucker
2 Eier
100 g Margarine, zerlassen
1 TL Vanillezucker
1 TL Speisestärke
60 g Paniermehl
Salz zum Kochen

FÜR DEN HOLLERRÖSTER:

200 g Holunderbeeren
    (alternativ Heidelbeeren)
250 ml Holundersaft
50 g Zucker
1 Prise Zimtpulver
1 Apfel, gerieben

AUSSERDEM:

süße Brösel (Kekse oder
    Kuchenboden, zerbröselt)

ZUBEREITUNG 30 MINUTEN +
ZIEHZEIT: MINDESTENS 3 STUNDEN

1. Alle Zutaten für die Knödel verrühren und mindestens 3 Stunden, am besten über Nacht, ziehen lassen.

2. In einem großen Topf leicht gesalzenes Wasser zum Kochen bringen. Mit feuchten Händen Knödelmasse nehmen und zu gleich großen Knödeln formen. Die Knödel 1 Minute kochen, dann 15 Minuten im nicht mehr kochenden Wasser ziehen lassen.

3. Für den Röster in einem Topf alle Zutaten zum Kochen bringen. So lange einkochen, bis die Mischung dickflüssig wird, dabei umrühren. (Achtung: Je dicker der Röster wird, desto schneller brennt er an.)

4. Zum Anrichten etwas warmen Röster in einen kleinen tiefen Teller geben. Knödel aus dem Wasser nehmen und in den süßen Bröseln wenden. Knödel auf dem Röster anrichten und servieren.

531 kcal / 9 g Eiweiß / 26 g Fett / 59 g Kohlenhydrate
* LAKTOSEFREI * VEGETARISCH *

TIPP

Der nussige Geschmack von Sesam wird durch das Anrösten in der Pfanne (ohne Fett!) noch intensiver.

SESAM-LACHS
mit Blumenkohlpüree und Thaibasilikum

ZUTATEN FÜR 4 PORTIONEN

FÜR DEN LACHS:
2 geh. EL heller Sesam
4 Lachsfilets (à 150 g), ohne Haut
Salz, frisch gemahlener Pfeffer
Saft und abgeriebene Schale
  von 1 unbehandelten Zitrone
2 EL Speiseöl

FÜR DAS BLUMENKOHLPÜREE:
2 EL Öl
1 kleine Zwiebel, gewürfelt
500 g Blumenkohlröschen
250 g mehligkochende Kartoffeln,
  geschält und grob gewürfelt
Salz, frisch gemahlener Pfeffer,
frisch geriebene Muskatnuss
100 g Alpro Soja-Joghurt-
  alternative Natur

4 Zweige Thaibasilikum,
  Spitzen abgezupft

ZUBEREITUNG  40 MINUTEN

1. Sesam in einer beschichteten Pfanne ohne Fett hellbraun rösten.

2. Für das Blumenkohlpüree das Öl in einem Topf erhitzen. Die Zwiebelwürfel darin anschwitzen. Blumenkohl und Kartoffeln dazugeben und mitschwitzen. Mit Salz, Pfeffer und Muskatnuss würzen. So viel Wasser dazugießen, bis alles knapp bedeckt ist. Das Gemüse köcheln lassen, bis die gesamte Flüssigkeit verkocht ist. Topf vom Herd nehmen, Soja-Joghurtalternative einrühren und alles zu einem feinen Püree stampfen, dann warm stellen. Nicht mehr kochen, sonst flockt die Joghurtalternative aus.

3. Den Lachs mit Salz sowie Pfeffer würzen und mit etwas Zitronensaft beträufeln. Den Sesam auf Teller verteilen und die Filets von beiden Seiten in den Sesam drücken. Den Fisch in einer Pfanne mit Öl bei mittlerer Hitze von allen Seiten braun braten.

4. Das Blumenkohlpüree in die Mitte der Teller geben und den Lachs darauf anrichten. Mit Thaibasilikumspitzen garnieren und mit etwas Zitronenschale bestreuen.

514 kcal / 33 g Eiweiß / 23 g Fett / 34 g Kohlenhydrate
* LAKTOSEFREI *

GESCHMORTE ROTE BETE

mit Himbeeren und Salzkaramell

ZUTATEN FÜR 4 PORTIONEN

FÜR DIE ROTE BETE:

700 g Rote Bete
1 Zweig Rosmarin
Salz, frisch gemahlener Pfeffer
1 EL Zucker
100 ml Balsamicoessig
2 EL Olivenöl
1 Knoblauchzehe, in Scheiben

FÜR DAS SALZKARAMELL:

80 ml Alpro Soja-Koch-
  crème Cuisine
50 g Honig
125 g Margarine
125 g Zucker
1 große Prise Salz

125 g frische, reife Himbeeren
20 frische, junge Spinatblätter
150 g Alpro Soja-Joghurt-
  alternative Natur

ZUBEREITUNG CA. 20 MINUTEN + GARZEIT: 45 MINUTEN

1. Die Rote Bete schälen und in Würfel schneiden. Rosmarin waschen, trocken schütteln und Nadeln abzupfen. Rote Bete in eine ofenfeste Form geben und mit Rosmarinnadeln, Salz Pfeffer, Zucker, Essig, Öl und Knoblauch marinieren.

2. Den Backofen auf 200 °C vorheizen. Die Form mit Alufolie gut abdecken und die Rote Bete im Backofen 45 Minuten garen. Herausnehmen und abkühlen lassen.

3. Für das Salzkaramell alle Zutaten in einen Topf geben und zum Kochen bringen. Die Flüssigkeit so lange kochen lassen, bis sie eindickt und eine hellbraune Farbe annimmt. Dann vom Herd nehmen und abkühlen lassen.

4. Die Rote Bete, Himbeeren und Spinatblätter auf Teller verteilen und mit etwas Salzkaramell und Soja-Joghurtalternative servieren.

TIPP. Zwiebel- und Knoblauchgeruch am Messer werden neutralisiert, wenn man die Schneide durch eine rohe Kartoffel oder Möhre zieht.

473 kcal / 4 g Eiweiß / 24 g Fett / 57 g Kohlenhydrate
* LAKTOSEFREI * VEGETARISCH *

Himbeere liebt Rote Bete ♥

HÄHNCHENBRUSTROULADEN

mit Pfifferlingen, Rahmwirsing und Thymian

ZUTATEN FÜR 4 PORTIONEN

FÜR DIE ROULADEN:

*2 große Hähnchenbrustfilets,
    ohne Haut*
250 g Pfifferlinge
6 Scheiben Toastbrot
1 kleines Bund Petersilie
4 EL Öl
2 Zwiebeln, gewürfelt
1 Knoblauchzehe, gewürfelt
Salz, frisch gemahlener Pfeffer

FÜR DEN RAHMWIRSING:

4 EL Öl
1 Zwiebel, in Streifen geschnitten
*400 g Wirsingkohl, in Streifen
    geschnitten und gewaschen*
1 EL frisch gehackter Thymian
Salz, frisch gemahlener Pfeffer
frisch geriebene Muskatnuss
100 ml Gemüsebrühe
*200 ml Alpro Soja-Koch-
    crème Cuisine*

660 kcal / 41 g Eiweiß / 41 g Fett /
22 g Kohlenhydrate

* LAKTOSEFREI *

ZUBEREITUNG
35 MINUTEN +
GARZEIT: 5-6 MINUTEN

1. Für die Rouladen die Hähnchenbrustfilets der Länge nach einschneiden und aufklappen. Das Fleisch flach klopfen. Für die Füllung die Pfifferlinge sehr kurz waschen und säubern. Die Toastbrotscheiben fein reiben oder schneiden. Petersilie waschen, trocken schütteln und in feine Streifen schneiden.

2. Öl in einer Pfanne erhitzen. Die Zwiebeln mit Knoblauch und Pfifferlingen darin anschwitzen. Mit Salz sowie Pfeffer würzen und in eine Schüssel geben. Toastbrot und die Hälfte der Petersilie dazugeben. Das Brot nimmt Flüssigkeit auf und die Pilzmasse hält so besser zusammen. Die flach geklopften Hähnchenbrustfilets mit Salz sowie Pfeffer würzen und mit der Pilzmasse bestreichen. Zu Rouladen aufrollen und mit kleinen Holzspießen feststecken.

3. Für den Rahmwirsing das Öl in einem Topf erhitzen und die Zwiebelstreifen darin anschwitzen. Wirsing und etwas Thymian dazugeben und kurz mitschwitzen. Mit Salz, Pfeffer und Muskatnuss würzen. Mit Brühe ablöschen und den Wirsing etwas zusammenfallen lassen. Soja-Kochcrème dazugeben und diese bis zur gewünschten Konsistenz einköcheln.

4. Den Backofen auf 180 °C vorheizen. Die Hähnchenrouladen in einer Pfanne von allen Seiten scharf anbraten. Herausnehmen, auf ein Blech legen, mit etwas Thymian bestreuen und 5–6 Minuten im Ofen fertig garen. Die Rouladen aus dem Ofen nehmen, schräg halbieren und auf dem Wirsing anrichten.

TIPP. Statt Pfifferlinge passen auch Champignons als Füllung.

LAMMLACHSE

mit Auberginenpüree

ZUTATEN FÜR 4 PORTIONEN

2 Auberginen (ca. 700 g)
1 Zwiebel
40 g gehobelte Mandeln
7 EL Olivenöl
200 ml Gemüsebrühe
Salz, frisch gemahlener Pfeffer
2–3 EL Tomatenmark
1 Gurke
200 g Alpro Soja-Joghurt-
    alternative Natur
1 Knoblauchzehe, fein gehackt
    (nach Belieben)
4 Lammlachse
Minzeblätter

412 kcal / 28 g Eiweiß / 28 g Fett /
5 g Kohlenhydrate
* LAKTOSEFREI *

ZUBEREITUNG 40 MINUTEN

1. Die Auberginen schälen und das Fruchtfleisch würfeln. Zwiebel schälen und fein würfeln. Mandeln in einer Pfanne ohne Fett unter Wenden goldbraun rösten und beiseitestellen. In einer Pfanne 5 EL Olivenöl erhitzen und die Zwiebeln sowie Auberginenwürfel darin anbraten. Gemüsebrühe, Salz und Pfeffer dazugeben und zugedeckt ca. 10 Minuten dünsten. Bei hoher Hitze weiterdünsten, bis die Flüssigkeit verdampft ist. Tomatenmark dazugeben, würzig abschmecken und alles mit einem Pürierstab pürieren. Das Püree warm stellen.

2. Gurke waschen und ein Drittel in feine Scheiben schneiden. Restliche Gurke grob raspeln, die Raspel kräftig ausdrücken. Die Soja-Joghurtalternative mit den Gurkenraspeln mischen. Mit Salz und Pfeffer abschmecken, nach Belieben mit Knoblauch verfeinern.

3. Lammlachse mit Salz und Pfeffer würzen. Restliches Olivenöl in einer Pfanne erhitzen. Die Lammlachse unter Wenden ca. 4–6 Minuten rundherum anbraten (je nach Wunsch rosa oder durch). Fleisch in Alufolie gewickelt 3–4 Minuten ruhen lassen.

4. Lammlachse in Scheiben schneiden und auf den Gurkenscheiben anrichten. Etwas Auberginenpüree dazugeben. Mit Mandelblättchen und Petersilie bestreuen. Restliches Auberginenpüree und Gurkendip separat dazu servieren.

TIPP

Für noch mehr Festtagsgenuss: das Auberginenpüree mit einem Hauch Zimt würzen.

WEISSER SCHOKOLADENMILCHREIS

mit Vanille-Ingwer-Pfirsich

ZUTATEN

FÜR 4 PORTIONEN

100 G WEISSE SCHOKOLADE · 1 EL
MARGARINE · 500 ML ALPRO REISDRINK
ORIGINAL · 1 PRISE SALZ · 4 EL ZUCKER · 125 G
MILCHREIS · SAFT UND ABGERIEBENE SCHALE VON
1 UNBEHANDELTEN ZITRONE · 4 REIFE PFIRSICHE,
ENTKERNT, GEVIERTELT (ALTERNATIV AUS DER DOSE) ·
1 VANILLESCHOTE, MARK AUSGEKRATZT ·
1 TL FEIN GERIEBENER INGWER ·
50 G GEHOBELTE MANDELN

1. Schokolade fein reiben. Margarine in einem Topf schmelzen.

2. Reisdrink, Salz, 2 Esslöffel Zucker, Milchreis und Zitronenschale dazugeben und aufkochen. Zugedeckt bei niedriger Hitze köcheln lassen, bis der Reis weich ist und die Flüssigkeit fast komplett aufgenommen hat. Topf vom Herd nehmen und die Schokolade einrühren.

3. Den Backofen auf 180 °C vorheizen. Pfirsiche entkernen und vierteln. In eine Schüssel geben und mit dem Zitronensaft beträufeln. Die Vanilleschote mit Mark zu den Pfirsichen geben. Ingwer und restlichen Zucker hinzufügen. Alles gut vermengen und auf ein Backblech oder in eine Auflaufform geben. Die Pfirsiche 20 Minuten im Backofen garen.

4. Mandeln in einer Pfanne ohne Öl kurz rösten. Milchreis auf kleine tiefe Teller verteilen und das Pfirsich-Ingwer-Kompott darauf anrichten. Mit gerösteten Mandeln garnieren.

TIPP: Ingwerwurzeln sollten eine glatte, leicht glänzende Schale haben. Schrumpelige Wurzeln sind schon zu alt.

350 kcal / 6 g Eiweiß / 18 g Fett / 41 g Kohlenhydrate
* VEGETARISCH *

SCHOKOPANCAKES

mit Gewürzbirnen

ZUTATEN FÜR 4 PORTIONEN

FÜR DIE PANCAKES:
150 g Mehl
50 g Zucker
1 TL Backpulver
350 ml Alpro Sojadrink Choco
1 TL Öl

FÜR DIE GEWÜRZBIRNEN:
200 g Birnen (aus der Dose)
10 g Zucker
100 ml Weißwein
1 Zimtstange
1 Sternanis
1 EL Speisestärke
125 g Alpro Soja-Dessert Dunkle
  Schokolade Feinherb

Puderzucker zum Bestäuben
2 EL gehobelte Mandeln
  zum Garnieren

ZUBEREITUNG 40 MINUTEN

1. Für die Pancakes Mehl, Zucker, Backpulver und Sojadrink in einer Schüssel mit einem Schneebesen zu einem glatten Teig verrühren.

2. Das Öl in einer Pfanne erhitzen. Mit einem Löffel etwas Pfannkuchenteig in die Pfanne geben und verteilen. Die Pancakes sollen ca. 6 cm Durchmesser haben. Von beiden Seiten ca. 2 Minuten bei mittlerer Hitze backen. Den restlichen Teig genauso verarbeiten. Gegebenenfalls nachfetten. Die fertigen Pancakes bei 80 °C im Backofen warm halten.

3. Birnen durch ein Sieb abgießen, dabei den Fruchtsaft auffangen. Zucker in einem Topf karamellisieren. Mit Weißwein ablöschen. 100 ml Birnensaft, Zimtstange und Sternanis zugeben. Alles 15 Minuten köcheln lassen. Zimtstange und Sternanis herausnehmen. Stärke mit etwas Wasser verrühren und die Sauce damit binden.

4. Die Birnen würfeln und unter die Birnensauce rühren. Auf die noch warmen Pancakes etwas Soja-Dessert und Gewürzbirnen geben und zu Stapeln anrichten. Mit etwas Puderzucker bestäuben und mit Mandeln garniert servieren. Restliche Gewürzbirnen dazu reichen.

346 kcal / 9 g Eiweiß / 6 g Fett / 60 g Kohlenhydrate
· LAKTOSEFREI · VEGETARISCH · VEGAN ·

TIPP

Pfannkuchen warm
stellen: den Backofen
auf 60 °C vorheizen.
Die fertig ausge-
backenen Pfannkuchen
auf einen Teller
legen und mit einge-
fettetem Pergament-
papier abdecken, damit
sie nicht austrocknen.

Warmer
SPEKULATIUS-HASELNUSS-GRIESS

ZUTATEN FÜR 4 PORTIONEN

500 ml Alpro Haselnussdrink Original · 1 Vanilleschote, Mark ausgekratzt · 2 EL Zucker · 6 Spekulatiuskekse, 4 davon fein zerbröselt (alternativ Mandelkekse) · 5 EL Maisgrieß (Polenta) · Puderzucker zum Bestäuben

ZUBEREITUNG 🕐 20 MINUTEN

1. In einem Topf Haselnussdrink, Vanillemark, Zucker und die zerbröselten Spekulatiuskekse erhitzen. Wenn die Flüssigkeit kocht, den Grieß einrühren.

2. Die Grießmasse aufkochen und 5–8 Minuten unter Rühren köcheln lassen.

3. Den Grieß auf 4 Dessertgläser verteilen und die übrigen Spekulatius darüber zerkrümeln. Mit Puderzucker bestäuben und servieren.

TIPP: Für den extra Hallo-Wach-Kick die Desserts mit frisch gebrühtem Espresso übergießen.

178 kcal / 3 g Eiweiß / 5 g Fett / 29 g Kohlenhydrate
· LAKTOSEFREI · VEGETARISCH · VEGAN ·

HONIGKUCHENAUFLAUF

mit Holunderbirnen

ZUTATEN FÜR 8 PORTIONEN

*4 Birnen · 4 EL Zucker · 200 ml Holundersaft · 1 TL Speisestärke ·
10 Scheiben Honigkuchen · 3 EL Margarine · 250 ml Alpro Sojadrink
Choco · 200 ml Alpro Soja-Kochcrème Cuisine · 75 g brauner Zucker ·
4 Eigelb*

ZUBEREITUNG 30 MINUTEN + BACKZEIT: 35 MINUTEN

1. Die Birnen schälen, Kerngehäuse entfernen und Fruchtfleisch in Würfel schneiden.

2. Zucker in einem Topf karamellisieren und mit dem Holundersaft ablöschen. Wenn sich der Karamell vom Boden gelöst hat, Birnenwürfel zugeben und ca. 4–5 Minuten dünsten. Leicht mit etwas Stärke binden.

3. Die Honigkuchenscheiben mit Margarine bestreichen und dachziegelartig in eine Auflaufform legen. Das Birnen-Holunder-Ragout zwischen den Scheiben verteilen.

4. Sojadrink und Soja-Kochcrème mit braunem Zucker und Eigelben verquirlen. Die Mischung über den Honigkuchen geben, damit dieser sich vollsaugt. Den Backofen auf 160 °C vorheizen. Den Honigkuchenauflauf 35 Minuten im Ofen backen, bis die Oberfläche kross ist. Heiß servieren.

354 kcal / 4 g Eiweiß / 10 g Fett / 59 g Kohlenhydrate
* LAKTOSEFREI * VEGETARISCH *

GRIESSSCHNITTEN

mit Espressokirschen

ZUTATEN FÜR 4 PORTIONEN

200 G SCHATTENMORELLEN
(AUS DEM GLAS)
500 ML ALPRO SOJADRINK
VANILLE
150 G MAISGRIESS (POLENTA)
30 ML FRISCH GEBRÜHTER
ESPRESSO
1 PÄCKCHEN VANILLEZUCKER
ZIMTPULVER
1 EL SPEISESTÄRKE
1 EL ÖL
1 EL ZUCKER
125 G ALPRO SOJADESSERT
FEINE VANILLE

ZUBEREITUNG

30 MINUTEN

1. Schattenmorellen in ein Sieb abgießen, dabei den Saft auffangen. Sojadrink in einem Topf aufkochen und den Grieß einrühren. Bei niedriger Hitze ca. 3–4 Minuten unter Rühren köcheln. Die Grießmasse 1 cm dick auf ein mit Backpapier ausgelegtes Blech streichen und auskühlen lassen.

2. Den aufgefangenen Kirschsaft mit Espresso, Vanillezucker und 1 Prise Zimt aufkochen und durch Kochen ohne Deckel auf die Hälfte reduzieren. Stärke mit etwas kaltem Wasser anrühren und die Kirschsauce damit binden. Erneut kurz aufkochen und etwas andicken lassen. Die Schattenmorellen unterrühren und beiseitestellen.

3. Die ausgekühlte Grießplatte in Rauten schneiden. Öl in einer Pfanne erhitzen und die Grießschnitten darin von beiden Seiten kurz anbraten. ½ Teelöffel Zimt mit dem Zucker verrühren. Die Polentaschnitten darin wenden.

4. Polentaschnitten mit den warmen Espressokirschen auf einem Teller anrichten. Soja-Dessert glatt rühren und die Schnitten damit garnieren.

344 kcal / 9 g Eiweiß / 7 g Fett / 58 g Kohlenhydrate

* LAKTOSEFREI * VEGETARISCH * VEGAN *

CRÈME BRÛLÉE

mit Tonkabohne und Kumquats

ZUTATEN FÜR 4 PORTIONEN

FÜR DIE CRÈME BRÛLÉE:

400 ml Alpro Soja-Kochcrème Cuisine
100 g Alpro Soja-Joghurt-
alternative Natur
100 g Zucker, mehr zum
Karamellisieren
1 Tonkabohne, gerieben
20 g Speisestärke
5 Eigelb

FÜR DIE KUMQUATS:

2 EL Zucker
200 ml Orangensaft
100 g Kumquats, entkernt,
in Scheiben geschnitten
1 Sternanis

ZUBEREITUNG 30 MINUTEN

1. Für die Crème brûlée Soja-Kochcrème, Soja-Joghurtalternative und Zucker in einem Topf mit der geriebenen Tonkabohne aufkochen. Die Stärke mit etwas kaltem Wasser anrühren und die Creme damit binden. Die Eigelbe einrühren. Die Creme in ofenfeste Förmchen füllen und abkühlen lassen.

2. Für die Kumquats den Zucker in einem Topf karamellisieren und mit Orangensaft ablöschen. Die Kumquat-Scheiben hineingeben. Alles so lange ohne Deckel köcheln lassen, bis der Saft fast ganz verkocht ist und durch die Orangenpektine einzudicken beginnt.

3. Die erkaltete Creme mit etwas Zucker bestreuen und mit dem Gasbrenner karamellisieren. Einige Kumquats darüber verteilen und servieren.

387 kcal / 7 g Eiweiß / 18 g Fett / 47 g Kohlenhydrate

* LAKTOSEFREI * VEGETARISCH *

MARZIPANSTOLLEN

ZUTATEN

FÜR 1 STOLLEN BZW. CA. 12 STÜCKE

350 g Rosinen
100 ml Apfelsaft
575 g Mehl
2 EL Backpulver
125 g Zucker
1 Päckchen Vanillezucker
1 Schuss Strohrum
1 Päckchen Stollen-
   oder Lebkuchengewürz
350 g Alpro Soja-Joghurt-
   alternative Natur
1 Ei
1 Eigelb
250 g Margarine
100 g Zitronat
200 g geschälte,
   gemahlene Mandeln
150 g Marzipanrohmasse

Puderzucker zum Bestreuen

ZUBEREITUNG CA. 20 MINUTEN + EINWEICHZEIT: ÜBER NACHT + BACKZEIT: 70 MINUTEN

1. Die Rosinen über Nacht in Apfelsaft einlegen. Am nächsten Tag den Saft abgießen.

2. In einer großen Schüssel Mehl mit Backpulver, Zucker, Vanillezucker, Strohrum, Stollengewürz, Soja-Joghurtalternative, Ei, Eigelb und 150 g Margarine ca. 5 Minuten zu einem Teig verkneten. Den Teig auf eine bemehlte Arbeitsfläche legen und Rosinen, Zitronat und gemahlene Mandeln unterkneten. Es soll ein glatter Teig entstehen. Falls der Teig zu sehr klebt, noch etwas Mehl dazugeben.

3. Backofen auf 140 °C vorheizen. Den Teig zu einem Rechteck (ca. 20 x 30 cm) ausrollen. Marzipan zu einer 25 cm langen Rolle formen, auf die Teigplatte legen und diese von einer Längsseite her aufrollen. Die Teigrolle mit der Nahtstelle nach unten auf die Arbeitsfläche legen und zu einem Stollen formen. Den Stollen auf ein Backblech legen und ca. 70 Minuten backen.

4. Falls der Stollen zu dunkel wird, mit Alufolie abdecken. Anschließend aus dem Ofen nehmen. Restliche Margarine schmelzen und damit den Stollen großzügig bepinseln. Mit reichlich Puderzucker bestreuen.

TIPP: Der Stollen kann 2–3 Wochen vor Weihnachten gebacken werden, dann zieht er schön durch. Dafür aber gut in Backpapier und Alufolie einpacken.

698 kcal / 12 g Eiweiß / 33 g Fett / 81 g Kohlenhydrate
* LAKTOSEFREI * VEGETARISCH *

NUSSECKEN

ZUTATEN

FÜR CA.
30 STÜCK

500 G MEHL

550 G MARGARINE

375 G ZUCKER

1 EI

60 ML ALPRO SOJA-
KOCHCRÈME CUISINE

100 ML ALPRO HASEL-
NUSSDRINK ORIGINAL

100 G HONIG

400 G GEHOBELTE HASELNÜSSE

250 G DUNKLE KUVERTÜRE

390 kcal / 5 g Eiweiß /
24 g Fett / 35 g Kohlenhydrate

* LAKTOSEFREI *

* VEGETARISCH *

ZUBEREITUNG
CA. 20 MINUTEN + KÜHLZEIT:
30 MINUTEN + BACKZEIT: 30 MINUTEN

1. Für den Mürbeteig Mehl, 250 Margarine, 125 g Zucker und das Ei zu einem glatten Teig verkneten. Zu einer Kugel formen, in Frischhaltefolie wickeln und 30 Minuten kühl stellen.

2. Mürbeteig zwischen zwei bemehlten Lagen Frischhaltefolie ausrollen. Ein Backblech mit Backpapier auslegen und den Teigboden darauf ausbreiten. Mit einer Gabel kleine Löcher in den Teig stechen, damit sich beim Backen unter dem Teig keine Blasen bilden.

3. Für die Nussmasse 300 g Margarine, Soja-Kochcrème, Haselnussdrink, Honig und restlichen Zucker kurz aufkochen. Die Haselnüsse unterrühren. Backofen auf 180 °C vorheizen. Die Masse auf dem Teigboden verteilen und ca. 30 Minuten backen. Wird die Nussmasse nach ca. 15–20 Minuten Backzeit bereits zu dunkel, mit Alufolie abdecken.

4. Nach dem Backen die Nussplatte auf dem Blech lassen, bis das Blech vollständig ausgekühlt ist. Dann mit dem Backpapier vom Backblech lösen und in ca. 30 Dreiecke schneiden. Die Kuvertüre hacken und über einem heißen Wasserbad schmelzen. Die Ecken der Nussecken in die flüssige Schokolade tauchen. Die Nussecken auf einem Blech mit Backpapier auskühlen lassen.

SPEKULATIUS-SCHMALZGEBÄCK

FÜR CA. 50 STÜCK

100 G MARGARINE ·
250 ML ALPRO HAFERDRINK
ORIGINAL · 100 G ZUCKER · 1 PRISE
SALZ · 1 KLEINES PÄCKCHEN
SPEKULATIUSGEWÜRZ · 2 EIER ·
1 WÜRFEL FRISCHE HEFE · 600 G MEHL ·
ÖL ZUM FRITTIEREN · PUDERZUCKER
ZUM BESTÄUBEN

ZUBEREITUNG CA. 30 MINUTEN + GEHZEIT: 50 MINUTEN

1. Die Margarine in einem Topf zerlassen. Den Haferdrink, Zucker, Salz, Spekulatiusgewürz sowie Eier dazugeben und mit dem Handrührgerät verrühren. Die Hefe zerbröseln und unter den Teig rühren, bis sie sich aufgelöst hat.

2. In die Eiermasse 580 g Mehl rühren und alles zu einem glatten Teig verkneten. Den Teig abgedeckt an einem warmen Ort 30 Minuten gehen lassen.

3. Den Teig auf einer bemehlten Arbeitsfläche ausrollen und in Streifen schneiden. Die Streifen auf ein bemehltes Brett legen und zugedeckt an einem warmen Ort erneut 20 Minuten gehen lassen. Die Teigstreifen mit einem Pizzarad oder Teigschneider in 1–2 cm lange Stücke schneiden.

4. Zum Frittieren das Öl in einem Topf oder der Fritteuse erhitzen und die Teigstücke vorsichtig hineinlegen. Sie sollen im Öl schwimmen. Hellbraun frittieren, dann auf Küchenpapier abtropfen lassen. Das Schmalzgebäck mit Puderzucker bestäuben und noch warm servieren.

103 kcal / 2 g Eiweiß / 5 g Fett / 11 g Kohlenhydrate
· LAKTOSEFREI · VEGETARISCH · VEGAN ·

GESCHENKBOX FÜR LECKEREIEN

ALS SCHÖNES MITBRINGSEL EIGNEN SICH PLÄTZCHEN UND KLEINGEBÄCK IMMER GUT. MIT DER PASSENDEN VERPACKUNG WIRD DARAUS EIN ECHTES HIGHLIGHT.

ZUTATEN

Pappbecher
Schere
Geschenkband,
    nach Belieben
Gebäck

ANLEITUNG

1. Den oberen weißen Rand des Pappbechers mit einer Schere abschneiden.

2. Den Rand von oben 9-mal bis zu 2,5 cm tief einschneiden.

3. Die Laschen nacheinander nach innen einklappen. Becher mit Gebäck füllen und mit weiterer Deko wie einem Band oder kleinen Weihnachtskugeln verzieren.

1.

2.

3.

GLOSSAR

BALLASTSTOFFE

Pflanzliche Nahrungsbestandteile, die von den menschlichen Verdauungsenzymen nicht abgebaut werden können und ein hohes Wasserbindungsvermögen haben. Ballaststoffe sind unverdaulich und liefern kaum Energie, jedoch wirken sie im gesamten Magen-Darm-Bereich verdauungsfördernd und sorgen für ein länger anhaltendes Sättigungsgefühl.

CALCIUM

Ein Mineralstoff, der eine wichtige Rolle für starke Knochen und Zähne, aber auch bei der Arbeit der Muskeln spielt. Calcium gelangt über die Nahrung in den menschlichen Körper und steckt vor allem in Milchprodukten, manchen Mineralwässern (sie sollten mehr als 150 mg Calcium pro Liter enthalten) und grünem Gemüse. Rein pflanzlichen Milchalternativen wird oft Calcium hinzugefügt, sodass mit ihnen genauso viel Calcium aufgenommen wird wie mit Milch.

FETTE

„Gute" Fette sind wichtig für einen optimalen Stoffwechsel und für die Gesundheit des Menschen. Zu den gesunden Fetten zählen die meisten pflanzlichen Fette. Als „schlechte" Fette gelten tierische (gesättigte) Fette, die sich vor allem in Fleisch und Milcherzeugnissen befinden, sowie Transfette (stark erhitzte Fette zum Haltbarmachen von Lebensmitteln). Siehe auch „Un-/gesättigte Fettsäuren".

LAKTOSE

Ein in Milch und Milchprodukten natürlich enthaltener Zucker (Milchzucker). Laktose ist ein Zweifachzucker, der aus den Einfachzuckern Galaktose und Glukose besteht und genauso viel Kalorien hat wie z. B. der normale Haushaltszucker (Saccharose). Für die Aufspaltung in Glukose und Galaktose fehlt einigen Menschen das notwendige Enzym ganz oder teilweise, daher leiden sie unter Laktoseintoleranz.

LAKTOSEINTOLERANZ

Eine Unverträglichkeit von Milchzucker (s. Laktose) und damit von vielen Milchprodukten, die sich hauptsächlich in Form von Magen- und Darmbeschwerden bemerkbar macht.

MINERALSTOFFE

Lebensnotwendige anorganische Nährstoffe, mit denen der Körper ausreichend versorgt werden muss. Mit einer ausgewogenen und abwechslungsreichen Ernährung ist die Deckung des Bedarfs kein Problem. Beispiele für Mineralstoffe sind Calcium, Natrium, Kalium und Eisen.

PFLANZLICHE PRODUKTE

„Plant-based" – also pflanzenbasierte – Produkte sind Produkte, die auf Gemüse, Früchten, Getreide oder Hülsenfrüchten basieren.

PFLANZLICHES EIWEISS

Eiweiß ist das Baumaterial des Körpers – Muskeln, Organe, Blut, Haut und Haare bestehen v.a. aus Eiweiß. Für die Abwehrkräfte braucht unser Körper Eiweiß und in Reglerstoffen wie Enzymen und Hormonen steckt es drin. Im Vergleich zum tierischen Eiweiß kommt das pflanzliche nicht mit den unerwünschten Begleitstoffen, wie sie in tierischen Lebensmitteln häufig vorkommen, daher – so z.B. Cholesterin und gesättigte Fettsäuren. Vor allem in Hülsenfrüchten wie Linsen oder Sojabohnen, Getreide und Nüssen sind große Mengen pflanzliches Eiweiß enthalten. Das pflanzliche Eiweiß in Sojaprodukts ist besonders wertvoll, da es alle essentiellen (lebensnotwendigen) Aminosäuren (Eiweißbausteine) enthält, die der menschliche Körper braucht.

UN-/GESÄTTIGTE FETTSÄUREN

Fette sind eine wichtige Energiequelle für den Körper und bestehen aus Fettsäuren. Gesättigte Fettsäuren stecken vor allem in Lebensmitteln tierischer Herkunft. Die Deutsche Gesellschaft für Ernährung empfiehlt eine reduzierte Aufnahme, da diese Fette den Cholesterinspiegel erhöhen können. Empfohlen wird, gesättigte Fettsäuren durch ungesättigte Fettsäuren zu ersetzen, da sich diese positiv auf die Cholesterinkonzentration im Blut auswirken. Mehrfach ungesättigte Fettsäuren stecken beispielsweise in pflanzlichen Lebensmitteln sowie in Pflanzenölen und Fisch.

VITAMINE

Die meisten Vitamine sind lebenswichtig. Der Körper kann sie nicht selbst herstellen, er nimmt sie aus der Nahrung auf. Bei einer ausgewogenen Ernährung ist man normalerweise ausreichend mit allen Vitaminen versorgt. Die meisten Produkte von Alpro sind mit den Vitaminen B2, B12 und D2 angereichert.

VITAMIN B2

Erfüllt Aufgaben im Eiweiß- und Energiestoffwechsel und ist wichtig für die Nervenzellen. Es kommt in vielen tierischen und pflanzlichen Lebensmitteln vor wie z.B. in Milch- und Vollkornprodukten.

VITAMIN B12

Benötigt der Körper für die Blutbildung, Zellteilung und die Nervenfunktion. Vitamin B12 kommt von Natur aus hauptsächlich in tierischen Lebensmitteln vor – Veganer sollten also besonders auf die Zufuhr von Vitamin B12 achten.

VITAMIN D

Kann vom Körper selbst hergestellt werden – alles, was dieser dafür benötigt, sind Cholesterin und Sonnenlicht. Und trotzdem sind viele Menschen nicht ausreichend damit versorgt. Aufgabe von Vitamin D ist es, den Calciumhaushalt zu regeln. Es mineralisiert die Knochen, sodass diese stabil werden und bleiben.

ÜBER ALPRO

UNSERE MISSION

Wir produzieren schmackhafte, von Natur aus wertvolle und rein pflanzliche Lebensmittel und fördern damit auf natürliche Weise und mit Respekt für unsere Umwelt die Gesundheit jedes Einzelnen.

SCHON 1973 WAR DER ALPRO GRÜNDER SEINER ZEIT VORAUS: Er stellte sich die Frage, wie man in Zukunft die Weltbevölkerung ernähren könnte. Er sah in der Sojabohne mit all ihren positiven Eigenschaften die einzige praktikable Lösung, um mit mehr pflanzlichen Lebensmitteln eine stetig steigende Weltbevölkerung zu ernähren. Dieser Gedanke ist aktueller denn je, da 2050 rund 9 Mrd. Menschen auf der Erde leben werden.

1980 WURDE AUS DER IDEE DAS UNTERNEHMEN ALPRO, das zunächst Produkte auf Sojabasis entwickelte. Diese waren und sind bis heute garantiert gentechnikfrei und nicht im Regenwald angebaut. Heute stellt Alpro neben Soja weitere pflanzliche Produkte auf Basis von Mandeln, Haselnüssen, Kokosnuss, Hafer und Reis her. Damit ist Alpro der pflanzliche Spezialist für leckere Produkte, die mehr Menschen ganz unkompliziert die Möglichkeit geben, ausgewogen zu essen und mehr Pflanzenkraft zu genießen. Das Produktangebot reicht von köstlichen Drinks über erfrischende Soja-Joghurtalternativen bis hin zu feinen Kochcrèmes – pflanzliche Lebensmittel für jeden Tag zum Trinken, Löffeln, Kochen und Genießen.

„Wir glauben, dass die Zukunft der Lebensmittel grün sein muss, damit wir unseren Planeten schützen können."

Mehr über Alpro und die Produkte erfahren Sie unter: www.alpro.com

ÜBER PATRICK GEBHARDT

DER GEBÜRTIGE BREMER PATRICK GEBHARDT leitet seit zehn Jahren sein eigenes Szenerestaurant im Herzen Hamburgs – das Fillet of Soul. Modern, unkompliziert und vor allem frisch und lecker muss es für Patrick sein. Er mag keine „Schnickschnack-Gerichte", sondern eine bodenständige und trotzdem raffinierte Küche. Da kommen dann gerne auch Klassiker nach eigener Interpretation auf den Tisch, wobei er sich in der Zubereitung von „Bottrop bis Bali" inspirieren lässt. Der Schwerpunkt des Hamburger Kochs liegt auf gutem Handwerk in Kombination mit qualitativ hochwertigen und im besten Falle regionalen Produkten.

SEIT MEHREREN JAHREN ENTWICKELT PATRICK DIE REZEPTE für den pflanzlichen Spezialisten Alpro und überrascht trotz „Kochkunst ohne Schnörkel" mit immer wieder neuen Kreationen.

„Für mehr Pflanzenkraft auf dem Teller, ohne Kompromisse beim Geschmack, ersetze ich gerne tierische Produkte durch rein pflanzliche Alpro Produkte."

IMPRESSUM

© 2015 Verlag Georg D.W. Callwey GmbH & Co. KG
Streitfeldstraße 35, 81673 München
www.callwey.de
E-Mail: buch@callwey.de

Bibliografische Information der Deutschen Nationalbibliothek
Die Deutsche Nationalbibliothek verzeichnet diese Publikation in der Deutschen National-
bibliografie; detaillierte bibliografische Daten sind im Internet über <http://dnb.d-nb.de> abrufbar.

ISBN 978-3-7667-2178-5

Projektleitung: Tina Freitag
Lektorat: Marion Höß, bookwise medienproduktion gmbh, München
Fotos: Maike Jessen
Styling: Meike Graf
Food-Styling: Diane Dittmer
Bildnachweis weitere Fotos: S. 10–11: Susanne Schanz für sisterMAG N°18; S. 62–63: © Stock-
Food / Sass, Achim; S. 104–105: © Getty Images / Barcin; S. 148–149: © Getty Images / Westend61
Umschlaggestaltung, Layout, Satz und Illustration: Claudia Eder, Konzept und Gestaltung, Augsburg
Druck und Bindung: Mohn Media Mohndruck GmbH, Gütersloh

In Zusammenarbeit mit  **Redaktion:** Karola Kentner-Schütz

PRINTED IN GERMANY